長照服務各國人才培育

——文化、知識、學習

Nurturing Workers for Long-term Care in Countries: Culture Knowledge Methods

周傳久——著

長照服務各國人才培育——文化、知識、學習

國家圖書館出版品預行編目（CIP）資料

長照服務各國人才培育：文化、知識、學習 / 周傳久著. -- 初版. -- 高雄市：巨流圖書股份有限公司，2022.03
面；　公分
ISBN 978-957-732-650-8（平裝）

1. CST: 老人養護　2.CST: 長期照護　3.CST: 人力資源管理

544.85　　110022003

著　　者　周傳久
責任編輯　林瑜璇
封面設計　莫浮設計

發 行 人　楊曉華
總 編 輯　蔡國彬

出　　版　巨流圖書股份有限公司
802019 高雄市苓雅區五福一路 57 號 2 樓之 2
電話：07-2265267
傳真：07-2264697
e-mail: chuliu@liwen.com.tw
網址：http://www.liwen.com.tw

編 輯 部　100003 臺北市中正區重慶南路一段 57 號 10 樓之 12
電話：02-29222396
傳真：02-29220464

郵撥帳號　01002323 巨流圖書股份有限公司
購書專線　07-2265267 轉 236

法律顧問　林廷隆律師
電話：02-29658212

出版登記證　局版台業字第 1045 號

ISBN 978-957-732-650-8（平裝）
初版一刷．2022 年 3 月

定價：580 元

推薦序

王念慈

・大好工作室負責人
・安寧照顧基金會董事
・天主教失智老人基金會董事

作者以資深記者的敏銳視野，長期觀察報導與記錄世界各地老人福祉的前線實況。他常像一位急切的探險家，迫不及待地把他發現的珍貴寶藏，無私地分享給讀者～不論是社會實務工作者、福利政策決策者、或是像我這樣的社會傳播媒體工作者，我們總能從他的文章中挖掘到可以學習應用的寶物之外，更重要的是，感受到他筆下的語重心長。

王棋

・高雄榮民總醫院護理部主任

認識傳久是在教會中一次的短講，主題我倒忘記了，但是當時我就感覺這位清瘦年輕人很有理想，他是一名公視記者，長期關注長照的發展，常常分享他在挪威、芬蘭、以色列等地採訪觀察的心得，我們偶而也會一起討論實務上如何運用，有一天他告訴我自己修完照服員的課程，是一名可以執業的照服員，讓我十分驚訝也認知到他對於長照教育發展的堅定意志！常聽說一名演員為了投入角色可能會去實地觀摩，但是都可以做講師的人卻願意老實的坐在教室內，體驗所有課程，實在令人欽佩。

接獲邀約為傳久新書寫序，甚感榮幸也很惶恐，自己並非社會賢達知名人士，不知是否能圓滿完成，但晚上卻看見一則令人心痛的新聞，一名剛報到一天的長照中心護理師，因為一位住民意外被一塊油豆腐噎著送醫不治，最後遭判刑業務過失，我身為醫學中心護理主管、護理學校老師，我能做什麼？

臺灣已面臨銀色海嘯來襲的高齡社會，醫療品質號稱亞洲第一，世界頂級的醫療水準，但是長照的照護主力是居服員，衛福部也正推動醫院住院友善照護模式，減輕醫院護理人力負荷及家屬聘請照服員的負擔，一樣都需要照服人力，但是對於照服員的執業資格，基本條件卻只是短期的受訓。過去偶而傳久也會和我討論一些議題，反觀北歐國家從學校基礎教育強調人性中的尊重與理解，開心看到傳久將多年深入觀察北歐、臺灣機構實務心得出版，從挪威長照教學設計省思成人學習教學法，芬蘭戲劇學習、即興創意學習、問題導向學習、丹麥模組整合學習、以色列比利時芬蘭的擬真學習，透過不同教學設計來檢視省思目前國內照專與個管的養成和照服員訓練的改造，唯有透過教育方能翻轉更完善的長照照護！

毛慧芬

・國立臺灣大學職能治療學系副教授
・臺灣職能治療學會監事及長期照顧任務小組召集人

臺灣的長照之路要如何走下去？這是一本讓老人與長期照顧工作者，深度省思的好書！每一段落、每一個故事，都觸動我內心，是作者萃取北歐照顧模式的精髓，以及對於國內長期照顧發展的殷切期許，更灌注了無比的力量與創意，讓臺灣的老人長照照護，迎向更多希望～

周傳久老師是我認識非常「特別」，也讓我敬仰的媒體工作者，從二十年前，他就引入珍貴無比的北歐經驗，翻轉大眾對老人的看法，推著臺灣政府和民眾，關注這大時代下的關鍵議題，如獨立特派員的芬蘭系列報導。

為何他很「特別」，就要提及我們認識的緣由，大約十五年前，傳久老師為了透徹瞭解臺灣長照制度與教育內涵，竟「潛」在照顧管理專員的培訓課程中聽我的課。為了瞭解國內照顧服務員的訓練內容，他也親身參與照顧服務員的課程及實習，我真的不知道有多少媒體人會做這樣的事情？他得獎無數的肯定，絕對不是因為可以風光出國採訪，而是他一步一腳印的誠懇態度、真心體驗、深入而公正的報導。

也許是理念相投，二〇一一年傳久老師找我錄製公視獨立特派員的「芬蘭老人失能運動研發」節目，原本我推辭並建議此主題該找運動專家學者，為何是職能治療背景的我。他很堅定的告訴我，在北歐的觀察和體認——健康促進應要能落實到民眾的生活中，一定要能與日常活動緊密扣合，才能成功推展，我被他說服了。時至今日，我們臺灣職能治療學會在二〇一七年承接國民健康署委託編撰「動動生活手冊與影音媒材」，就是將日常生活活動設計成隨手可得的運動機會，想到此就不由會心微笑。

長照2.0推動以來，看到政府投入更多資源，但也對參差浮濫的照顧品質大傷腦筋。最近恰巧參與衛福部好幾項照顧管理工作及專業服務的品質提升計畫、及政策會議等，正在苦思長照品質提升的關鍵何在？難道愈來愈嚴格的評鑑制度或考核規定是解藥？

在閱讀完此書，似乎找到了答案：

「高齡照護如何發展，取決於最核心基礎的人觀」、「要營造人味價值文化」、「照顧品質與砸錢的多寡似乎沒有關連，先有穩固基礎」、「照顧指引，不是追求評鑑，而是發自內心追求的工作文化願景」……

我們可以參考別人的操作指引或評鑑制度，由上而下快速的發佈實施，但這樣會奏效嗎？書中提及比利時的長照機構品質管理專家，是由下而上與第一線工作者透過多次的討論發想，有共識的訂定出可落實的工作指引。

指引的內容，反而不是一條條的照顧技巧與規定，是引導員工要重視「價值觀」——

「信任」、「相互施與受」、「不必完美」、「尊重其他團隊的貢獻」、「共同解決問題……」。這樣的指引，令我認同且感動。

如書中所述，我們在學習國外制度時，總是看到「結果」，卻沒有看到他們如何逐步建立共識、打好基礎的「過程」。國內長照制度進展快速是好事，但也憂心很多制度為求快速上路，先求量再求品質的論調，除導致照顧品質參差之外，在沒有健全的工作文化中，欠缺長遠走下去的支持力度，看到不斷流失了優質的長照人才，令人憂心。這樣的人文建構與打底工作，我們真的不能再忽視跳過了！

這本書的真知灼見，很值得細細品味。讓我們跟此書內容一起對話與反思——「臺灣的長照之路要如何走下去？」，「我們都會老，未來你要過何種生活？」

吳友欽

・智善長照股份有限公司董事長

Refire don't retire～ 人生下半場要更精彩！

高齡社會下，很多身心健康的職場屆齡民眾，選擇職場退休。但如何在退休後持續在社區裡學習，是現代人們的重要課題～Refire don't retire～人生下半場要更精彩！這是我在擔任金門縣副縣長及擔任金門縣退休教師協會理事長時，經常和長輩共勉的座右銘。另外，八十歲年齡可不一定老態龍鍾呢！我在金門就看過九十二歲長輩箭步如飛、打起木球，福虎生豐，生活樣樣自理、樂在參加社區活動。又如家父高齡一百歲時，還每天早出晚歸、循規蹈矩到日照中心上課、運動、老老共學，不輕易缺席，結業時，還獲頒認真學習及全勤獎呢！因此，如何活躍在社區、維持身心健康的生活裡，終身學習不輟，相信都是您我所期盼的。

本書裡提到，奧地利的國高中，有鑑於人口老化需要全民同理，開始推動執行陪伴熱情學習計畫，幫助國高中生裝備同理的能力，這是他們從小培育莘莘學子的社會能力課程教育。反觀我國教育，自古以來，就重視儒家思想的尊師重道及品德與人際互動禮儀的社會教育文化，隨著民主自由過程中，似乎漸漸薄弱，如何在求學與在職教育中持續推動，值得我們檢視與省思！

書裡，另外提到，荷蘭好幾所大學逐步實施「設計基礎教育」，培育學生在求學過程即累積實務能力，是非常值得本國大學專業及通識教育借鏡學習的，畢竟人才培育要從小學習開始，而非投入職場才實施。

在長照繼續教育課程中，如何藉由課程強化長照人員，培育長照人員因應服務對象個別不同，而衍生個別不同的照顧服務，從照顧的思維轉變為鼓勵與引導的支持者，從服務中感受到充滿人味的價值。

這本書透過他國在照顧領域的產、官、學實務執行面與本國照顧領域的現況，非常值得我們實務推動者在閱讀中反思與再成長。

很榮幸能提早拜讀這本好書，讓我的腦子湧進泉源，翻騰再翻新，讚嘆呀！讚嘆！

吳肖琪
・國立陽明交通大學衛生福利研究所特聘教授

傳久先生二十多年來致力於介紹歐洲各國之長照創新服務，以其敏銳的觸角，影響臺灣的民眾、學者、與政府官員；身為長期關切臺灣長照政策的我，讀到傳久先生的作品，總會沉澱下來再三反思，我們能融入、轉譯或倡議哪些創新？政策應做什麼改變？歐美各國面對高齡社會發展極多策略與創新，臺灣面對高齡人口驟增且年輕人口驟減的雙重壓力，確實需要更多創新與改變。本書是傳久先生集畢生精彩的歐洲閱歷，淬鍊其精華，透過文字分享許多創新想法，包括新媒體時代的公共服務可以如何創新，期許電視、社群媒體，都是正向溝通改善問題的橋梁；書中提到教育體系需要翻轉，讓全民都能認識高齡、參與高齡者的自助互助；期許長照專業人員，要兼具優質的價值觀與技術。

傳久先生匯集許多值得大家效仿學習的國外經驗，如奧地利公視每年耶誕節前後的燭光傳遞計畫，將國民彼此顧念的社會教育化為嘉年華般國際活動；北歐教科書感控教育——以洗手為例，很多技巧都值得我們學習，非常精彩。

對於照顧者的訓練，書中有很多的提醒，例如進入客戶房間時，要留意這是客戶的家，不是照顧者的家，作為上要尊重主人家；若被照顧者還可能自理，務必要支持他自己動手吃，只在對方實在有困難時，可以用手幫助對方的手拿著餐具去就其口；協助長者如廁時，要觀察大小便顏色、味道、數量，從中臆測飲水與進食種類及數量是否不足、感染、或藥物副作用等。

如何培養我國民眾的健康與長照素養，可參考書中奧地利、丹麥等國的長照教育課程範例，讓學生有系統思考、聆聽及表達對長照的想法；遇到長照上的困難，不輕易說沒辦法，而是保有憐憫和無條件的愛，盡量找辦法，這也是我從事公共衛生消弭健康不平等，倡議健康平權所信守的信念，藉此好書回應其重要性。

對於想要臺灣長照體系更好的學者、專家、媒體人、教育者、社會企業家、決策者、政治家、與志工，這本書值得細細品味。

祝健芳

・衛生福利部長期照顧司司長

人口老化已席捲全世界，國家發展委員會推估我國將於二〇二五年邁入超高齡社會，隨之而來的衝擊是長照需求快速增加，照顧服務人力需求亦隨之增加。我國目前積極致力於培育人才之際，閱讀傳久老師著作，如同開啟世界之窗，細嚼北歐各國照服員人才培育養成教育及成人教育之創新模式及方案，他山之石可以借鏡，受益甚多。

各國人口老化由「高齡社會」邁入「超高齡社會」所歷經時間長短不一，日本十一年、美國二十年及英國五十一年，反觀臺灣則僅七年，囿於時間軸壓縮限制下，為因應「超高齡社會」的長照服務需求，政府自二〇一七年起積極推動「長照十年計畫 2.0」迄今，於服務量能拓展與服務涵蓋普及上已有一定成果。回應傳久老師於書中呼籲臺灣可以再精進之作為如：改變填鴨式教育模式、中央統籌制定教材、廣納多元專才造就學生及強化照服員培訓後投入服務行列等，這些寶貴的建議，政府端會積極展開規劃，並配合國情，擬訂最合適我國之培訓制度。

本書看見了長照教育及人才培育的新思維，如奧地利長照教育從幼兒時期即開始向下扎根，培養對於失智失能的照顧素養、挪威失智者照護學習教育手冊，則是由中央政府集結失智專家制定，再由地方政府參與討論共同修訂，嚴謹且具系統性、德國基礎書面教材也是國家邀集長照領域專家及學者共同研擬。

好教材能讓教學者與學習者透過對話互動、學習體驗達到更佳的訓練效果，讓長照個案享有全方位有溫度有品質的照顧服務，而在好教材之外，尚需仰賴良好的教學方式與師培機制，傅久老師倡議的混成學習，將是我國未來照顧服務員訓練推動的重要方向。

此書不僅有助於營造長照服務更細緻、更有溫度的風景，值得推薦給長照體系的工作夥伴閱讀學習，更值得推薦給每位關心老化後的你、我，更新老弱刻板印象，翻轉照顧觀念，如何延緩失能，老老互相扶持及照顧。期勉您我無懼老化的到來，尊重生命的價值及善用生命，並能享受老年生活。

陳乃菁

・高雄長庚醫院神經內科主治醫師
・失智共照中心執行長

建立高齡友善社會，讓我們從心出發開展創新思維

我早從諸多公共電視深度報導節目得知周傳久老師的大名，原本各在不同領域努力的

我們，近年來因著高齡化這個重要的社會議題產生交集。頻繁的互動過程讓我發現傳久老師內心懷抱巨大的熱忱，他總是想著如何讓社會更加重視老年和長期照顧。他對提升照顧品質更有深切的期待，而這也正好是以老年醫療為專業的我長年關切之所在。

我們愈談愈多、愈談愈深，發現彼此有許多共同的想法。例如我們希望人即使到了高齡都還能維持工作能力和運動、多與人互動並享受生活。我們相信要達到這個目標，社會需要先有創新的照顧觀念和高品質的照顧專業人員——在這其中，我們尤其重視溝通能力以及對人性的尊重，特別要強調的是：在這裡所說的溝通和尊重都不只是單向、更是雙向的；照顧者和被照顧者雙方都需要坦誠對話並尊重彼此。

於是，很自然的，傳久老師和我，對於如何透過教育來傳遞長照觀念一事充滿熱情，特別是當我們觀察到年長者在晚年時保持的態度多半源自成長過程中接收到的想法，正如俗語所說「三歲看大，七歲看老」。因此，愈早將正確的老年和長期照顧的想法傳遞出去、社會大眾愈早接收到這些資訊，我們想要建立高齡友善社會的可能性就愈高。

於是，我和傳久老師在大量講座和講課外，幾年前有個有趣的合作機會：感謝傳久老師的邀請，我有幸參與公共電視《熟年台灣》節目，以更廣泛的方式傳遞照護理念。身為主持人，節目讓我本身獲益良多，對長照議題有更進一步的體會和思考，因此我要感謝傳久老師在製作過程中提供的諸多協助，對於他長年致力於推動高齡化這個不討喜卻非常重要的議題，更是欽佩。

傳久老師和我也喜歡透過書寫來傳遞想法，我所寫的書如《因為愛所以看見》，多從國內醫療現場出發，好處是貼近本土現實，卻難免有缺乏國際觀點的缺憾，幸好我們有傳久老師的書籍來補足。先前拜讀傳久老師的作品《高齡友善新視界：觀察臺灣與他國的高齡者照顧》一書，我已忍不住讚嘆，現在又有新書出版，得以搶先閱讀，更讓我佩服他一路來投注的心力。

這本書來得即時，在疫情和高齡雙重夾擊下的臺灣社會，正需要這本呈現多元文化又提供適切照護方法的好書。本書從文化的核心價值說起，再介紹各國不同做法。建議國內長照夥伴因棘手難題而不知所措時，就來翻翻這本書，參考國外經驗後找出適合本地的解決方法。

我在閱讀過程中獲益不少，傳久老師以下所寫的這段文字更是深得我心：「有位挪威老師提醒筆者，他們不只大學如此，一般小孩在七歲前，在家庭和學校，就已經不斷被多次平等禮貌的徵詢意見，家長和老師會以平等的高度和眼神、姿勢、表達用心聽的態度，設法根據小孩的意見來回應生活決定，小孩也慢慢學習為所做的決定負責。這需要長期養成，他的話擴展筆者的視野，那種互相尊重的文化是一種從小就深刻的一種習性」。

我要特別謝謝傳久老師寫下這段話，因為我身為醫師又是五個孩子的媽，這段話重新堅持了對教育的重視：我相信，不論家庭教育或學校教育、甚至社會教育，孩子自小起就該被尊重也該學會尊重他人，同時要領會學習的熱忱並勇於冒險。擁有這些特質的孩子，長成後才有機會成為懂得尊重被照顧者且樂於學習照護新知的照顧專業人員。

長期照顧環境的現狀並不完美，也不可能一朝一夕說變就變。讓我們透過閱讀傳久老師的作品，體會他隱藏的文字背後的用心和期許，一起建立更好的照顧環境。其實，這本書並非僅有長照從業者該讀，因為每個人都會老、每個人都有可能成為被照顧者，所以大家都該來看看傳久老師筆下的世界，努力讓自己到晚年依舊保有對生命的熱情和追求夢想生活的勇氣。

郭慈安

．中山醫學大學醫學系醫學人文學科主任／副教授
．中華民國家庭照顧者關懷總會理事長
．美國老年學學會院士

傳久又有新書出版了！剛得知消息時很興奮，不知這次這位用生命在愛長照的「老人工作天才」又要帶給大家什麼禮物？

翻開書沒有幾頁，就讓我很自然地想到老人工作者可以如何運用這本書去翻轉自己跟老人工作的省思。傳久有好多的提醒，很多時候回到「人」的原點，讓大家去想一個長

者，即便是失能或失智了，他還是人，是有血有淚可以跟他人互動的。

我不禁想詢問，十年後的臺灣會是一個什麼樣的「超級老人國」？從老年學的觀點，六年就是一個世代。所以，若是我們以服務提供者和服務接受者的人口群來看，臺灣從二〇〇〇年的「建構長期照護體系先導計畫」到現在的十年長照計畫 2.0（長照 2.0），也已經歷了二十二年，幾乎是快要過四個世代了。然而，長照服務模式和更重要的長照服務精神，我們是否還難分難捨盲目複製現在的流行，而忘了準備未來世代的變化衝擊呢？

從這本書，我看到翻轉照顧的「思維」，以及長照人員對於照顧的「價值觀」為何？都值得讓大家省思。或許他山之石值得讓人效仿，但人員的素質與觀念，是需要時間磨合與充分討論，很喜歡書第一章的主標「營造人味價值的文化」，讓我體會到無論在學術界或是實務界，塑造「價值與文化」的重要性，除了人味外，還需要其溫度，那種讓人感動人心的溫暖，跟著這本書試著翻轉思維吧！我也很想嘗試這本書提到許多組織或工作夥伴，如何一起討論解決問題的思考模式。當然，羅馬不是一天造成的，許多國家也是一步一步的去嘗試，從失敗到成功，我們是多麼的幸運有周傳久先生帶領我們邁向這一步又一步智慧與關懷的結合！

回顧二〇〇八年我從美國回來臺灣教書，在那時剛好看到了傳久的第一部作品——《活躍老化—貼心芬蘭》（至今都還常播出來觀看）。我馬上透過當時影片的主持人余佳璋介紹（也是我的小學與中學同學），而認識了傳久，也開始了我對傳久的仰慕。我羨慕的是傳久所寫過的三本書（《迎接超高齡：熟齡人生幸福提案》、《高齡友善新視界：觀察臺灣與他國的高齡者照顧》、《北歐銀色新動力：重拾個人價值的高齡者照顧》），都讓讀者深深感受到他的內涵與對長照的熱愛，這似乎已經成為他的志業。我記得傳久曾說過，其實他是一位熱愛軍事研究的人，而我也觀察到他是一位享受樂器表演、懂得生活藝術的愛樂者。當然，傳久也是一位虔誠的基督徒。這本書有許多章節，體會到傳久從一位新聞工作者對助人工作的好奇，變身成為老人與長照界的心靈導師。他從許多國家的範例中，提醒我們對長者的「真誠」以及工作倫理的「信任」，也將是給予長照工作者最好的滋養和力量！

讓我們藉由這本書的學習，邁向超高齡社會吧！

張淑卿

‧中華民國老人福利推動聯盟祕書長

打造有溫度的全人觀品質照顧

元宇宙時代來臨，科技的發展帶來許多改變，改變人類的生活方式，甚至是醫療照顧模式。然而自古不變的是照顧來自大量的人際互動，每個人都期待得到最有感、有效且有溫度的照顧。有感與溫度究竟是什麼？這是科技可解決的嗎？科技始於人性，若一個沒有基礎全人觀價值的人創造出來的科技化照顧會符合人的需求嗎？

自己人生第一個中風病人照顧至今，在老人長期照顧領域工作已逾三十年，從臨床護理工作走到社區居家護理，從一個人照顧到參與了臺灣護理與老人長期照顧的實務教學，甚至是政策討論擬定。從臺灣老人及長期照顧資源沙漠到現在每年將近五百億國家預算投入，感受最大的即是長輩的一句話：「國家花更多的錢，為何我得不到更有溫度的照顧？」自己不斷反思，臺灣最美的風景不是人嗎？為何沒有資源的時代，大家感受是有溫度美好的照顧，現在投入的人及資源更多，溫度卻逐年消失，這些轉變來自長期照顧產業化嗎？還是來自我們始終沒有準備好的「人」及「照顧文化環境」？

經營大師松下幸之助曾說：「要做產品之前，就一定必須先做人。」一個事業的發展關鍵在於人才，發現人才和培育人才。臺灣長期照顧體系多年來確實在人力培育上過於輕忽了，以居家護理師培育而言，二〇〇〇年初期要擔任一位居家護理師除了須具備自己原來的護理臨床實際經驗至少三年以外，還需要國家安排協助訓練四十到八十小時課室教學及近兩百小時實習演練；但現在只具有護理師執照剛畢業的居家護理師比比皆是，另居家護理單位國家品質評鑑也發展成負責人的個人單一技術考試，這些發展與演變固然讓民間有更多彈性人力運用且專業技術提升，但缺乏從全人觀角度思考照顧品質，品質應以「人」為本，人主要兩個構面：「人才」與「人品」，人才又稱為技術品質即為專業人所應擁有的知識、技術與才能。人品則是個人價值品質，由人的「心靈」、「價值」與「行為」構成。很可惜大多數訓練或政策發展都缺乏從人品角度思考，所有從業工作者沒有在這樣的文化環境下被養成，也難怪長者發出沒溫度感受的嘆息了！

從看傳久老師拍攝的一系列北歐老人影片開始認識他至今也近二十年，傳久老師國內外上山下海的走遍大江南北，帶著信仰又具敏銳思考下，細膩的文字與影片描述，具AR效果，讓每個人皆有親臨現場的臨場感，他同時也扮演著不同文化差異下最佳的轉譯人角色。國內許多人對歐洲老人及長期照顧的瞭解與專業學習，應該多數透過他的採訪觀點，我自己也透過他的視角常有不同的思考與學習。很高興追他的劇多年，終於看到他集結成冊出版，在橫跨兩個年間（新曆年與春節）拜讀他的大作，細細品味人才培育專章，發現自己對人才培育養成多年來的疑惑與思考，很高興可透過這本書找到未來臺灣更精進的解方。

閱讀「營造人味價值文化」及「更新老弱刻板印象」兩個部分文章，我停留時間最久，這是我認為臺灣要精進最重要的基礎，也是奠基全人觀價值的思考開始，值得所有人再三品讀。面對二〇二五年超高齡社會，每五個人就有一個老人，這個老人可能比我們更有資源與智慧，我們的照顧不能再用過去傳統照顧模式弱化被照顧者且全面取代每個人的能力，應在尊重文化下發展其優勢觀點，讓高齡及失能者有人才再運用的機會與空間，事實上老人福利推動聯盟近年更是以此信念倡議全國老人生活第三人生設計與減法照顧議題，強化高齡者與失能者的表意權與參與權，重視有文化及個人尊嚴的生活。

人才培育不能只局限於專業工作者，社會大眾培育亦不容忽視，他們可能是照顧者、社區非正式照顧者或被照顧者，如何形成互助共好的自主照顧亦是全民人才培育重點，誠如《詩經》所記：「他山之石，可以攻玉」，希望透過這本書讓更多人重新思考臺灣老人及長期照顧的發展，形塑臺灣社區為自助、互助與共助的人味照顧環境，不管科技如何發展，全人觀的品質照顧自然就有溫度了！

楊宜青

・成大醫院老人醫院籌備處院長

周傳久老師是我欽佩的文字工作者，敏銳的觀察力，生動的敘事力，帶領讀者爬梳歐洲各國豐實照護樣貌背後的文化底蘊，累積十多年來在歐洲各國大大小小的照護場域及教育場所的參與體驗與觀察紀錄，分享如何善用網路翻譯工具吸取我們較不熟悉卻已精采呈現在各種平台上的資源，他扎實的行動力，在國內各種場域擔任照服員、居服督導及授課老師，透過現場互動與實際體驗，以深刻的反思洞察力，對臺灣目前方興未艾，看似蓬勃發展卻又方向混沌的長照服務與教育，提出許多讓人深思的場景與方向。

周老師提醒在長照服務團隊的運作，很重要的是要能發展共同願景，並營造平等自主永續實在的工作文化，才能發展出接地氣又有前瞻觀念的知識創新，透過實作與開放討論，來發展核心價值與操作準則，以用於全觀深度照顧；周老師苦口婆心一再提醒學習北歐的美好長照服務時，要瞭解他人的發展脈絡，切勿只移植表層架構，照護團隊要有清楚的價值觀才能成為持續往前的驅力，有所為有所不為，而平等自主的互動、有安全感的互信參與，乃是服務創新有效的基礎。

「內心的看法與看法所促成的生命選擇，卻是人生滿意的關鍵」，信仰的支持至為關鍵，在提供服務前，先學如何看到失能者的潛能，鼓勵去幫助別人，支持弱者發揮潛能重建尊嚴，因幫助別人而從失落無盼望被舉起，活出身為人的尊嚴。學習更多方式看到失能及失智者的潛能，創造機會，周老師很仔細地分享許多北歐各國的案例，如何照顧服務的學習養成過程，有非常多的自我領悟學習、從需求探索學習、從做中學、從親身體驗學習、換位思考換位體驗，運用許多成人學習的原理，從過往經驗重整帶動創新，還有哲學家來協助帶動翻轉思考。他觀察到國內長照的高度需求與蓬勃發展，許多資源投入但易流於速成填鴨單向，苦口婆心的提醒，如何實在有感的成人學習養成，培養照護價值觀與能力素養，才能有照護品質與資源效益，期盼能創造管理者、服務工作者與被照顧者多贏。

書中信手捻來，舉了許多活生生的例子來說明一些照顧者的學習成長歷程，各種新的學習方法，如回溯法、日常生活反思被對待經驗的學習等。不僅清楚描述許多現場，重視價值與溝通的訓練，適時納入更有參與臨場感和深度反思（如專業戲劇表演的訓練方式），來強化與內化服務理念與實際作為，再再提醒教育訓練無法便宜行事處處求簡，不能跳過對人的價值的思辨。

他探討的長照教育不只是在現有照顧服務員的訓練，談到科班出身的如長照健康福祉科技相關系所的訓練，甚至到高中國中甚至小學有關健康照護、失智失能的基礎訓練，從長照服務訓練的省思到深層信仰，與青少年就開始的學習涵養，不只是強調專業學習，而是經歷體驗後有關懷同理的意識，知道如何溝通、提升觀察力、深層價值、倫理省思素養，透過服務學習，反思統整學習珍惜所有。

周老師是新聞媒體工作者，他的報導常是時代脈動的印記，引導大眾價值觀與生活對策，書中的故事會帶給讀者許多的體會與感動。

魏惠娟
・國立中正大學成人教育系教授
・多項教育部全國樂齡學習計畫設計者

反思是創新的源頭：長照服務人才與品質的祕密

我認識周傳久博士超過十五年，具體的年代已經想不起來了，只記得二〇〇八年我開始執行樂齡學習計畫，那些年我在培訓樂齡學習中心的經營團隊時，一定會播放他在公視製作獨立特派員節目，其中有一集是談芬蘭的祖母俱樂部，看見許多笑盈盈的祖母們聚在一起，帶著各家自製的點心下午茶，一起交流學習，畫面十分溫馨，老奶奶們聚在一起一同唱歌、聊天、並且製作布偶娃娃，為的是要趕在聖誕節送給他們所認養，遠在臺灣恆春的一間育幼院的孩子們，祖母俱樂部展現了長者們的愛心與連結關係。

那些年，我跟著樂齡學習中心的夥伴們一起，不知道看過多少次祖母俱樂部，每一次再看總會讓我非常有感，總會觸動我再一次反思，那樣的學習文化是如何形成的？

非常敬佩周傳久博士，在臺灣還沒有邁入高齡社會的時候，他就已經注意到這個議題，並且遠赴北歐，透過他敏銳的觀察、細心的訪談、引人深思的文案，他的報導總會觸發我許多反思，獨立特派員是我看過最棒的一個與高齡學習有關的節目。

後來，我也邀請他來學校分享，聆聽他的演講，感覺他是一個對現況不太滿意、不斷在思考、尋找解決方案的人，我自己其實也是這樣的人，只是，跟傳久比起來，感覺慚愧，我總是太忙，沒有能像他一樣持續的反思問題的源頭，探詢問題的答案，他並且能行萬里路，遠赴歐洲採訪，一次比一次有更深入的成果。這次他不只是製作節目，更把他的見聞書寫成書，書中報導了先進國家因應高齡社會的創新設計，我們常常覺得為什麼別的國家做得到，我們卻做不到，難道只是錢的問題嗎?在這一本書中，可以找到問題的答案。

我在大學服務，雖說是教授治校，但是大學為了爭取經費、提升績效，不能不回應政府對於大學評比與經費的取向，努力爭取各種計畫項目。目前大學最夯的就是永續發展方案、雙語教育計畫。當我們在探索各種創新方案的時候，總是會尋找有無可以參採的外國模式，如果發現不錯的方案，就會想辦法邀請對方前來講學傳授經驗，但是，常常當邀請了國外專家學者來訪之後，會有兩個回應，一是複製別人的做法，一是覺得國情不同，無法適用，作者告訴我們，外國人的模式，只是結果，我們應該要關注的是：之前他們不知道花多少心思在討論。這一點提醒，我實在深有同感，沒有花時間好好討論，就逕下結論，或開始行動，似乎是我們常見的組織文化。

另外，在這本書中，作者也環繞著一個重要的基礎就是「人觀」，對人的觀點，影響了我們的思維、態度與工作方式。回到人觀的思考，也回答了為什麼別人能，我們卻還不能的原因，的確，我們需要進一步反思長久以來我們習以為常的人觀，可能影響了我們的創新能力，例如：對於老的刻板印象，對於照顧的傳統看法，對於照顧服務員的角色定位等。

最後，這本書的核心主軸提醒讀者：學習營造富有人味價值的文化，這是一切創新的源頭，閱讀這本書，也讓我對於志工角色、助人者以及接受幫助者的角色、社會創新、設計思考有許多的反思，為了營造以人為本的服務價值及照顧文化，北歐的終身學習人才培育模式值得我們學習。書中提到北歐的人才培育模式，都是應用成人教學法，重視反思、善用成人經驗，訓練問題覺察、反思和行動能力，他們的人才訓練方案、教材、教學設計，肯定了成人教育在高齡社會人才培育策略的重要，閱讀本書對於我正在思考第十四年樂齡學習計畫的執行策略時，真是即時的亮光，我得要重新省思人才培育設計的觀點，才能創造臺灣樂齡學習的新價值。

PREFACE

作者序

如果您是從事高齡學習、老人服務、長期照顧業者，或關心超高齡社會福祉的決策者、民意代表、相關科系學者與同學，想找靈感提升訓練與服務品質，帶動服務創新，本書正是您期待的。

人才是服務品質和資源投注效益的基礎，價值觀又是人才發展的根。許多人同意，可是怎麼做到呢？花錢就有？那可能早就彎道超車，成銀髮服務的「學霸」國家了。

事實如何？其實老人照顧服務最上層牽涉什麼是健康、尊嚴、幸福。有普世價值，文化差異。其次有現實政治、經濟面干預，資源分配使用如何公平、專業。人才素質很關鍵。如何看「老」與「衰弱」，何謂「照顧」、「服務」？有無敏感度觀察客戶期望？什麼是看為好？誰的角度看？若工作人員有清楚價值觀，能合作，有共同語言，超高齡社會即使有很多挑戰，但不至於變成不堪的未來。

筆者從正規學習體制一路歷經挫折，出國留學所有考試難以達標。後來以在職人員身分前往歐美近三十國，覺得自己怎麼變聰明了？其實，沒有！而是遇見許多人很支持、開放、包容、引導，逐步有安全感和自信的展開一次次成長之旅。

過程中常省思，投入照顧服務，如《聖經》說，「做工的得工價」。但應被視為獲利投資標的嗎？需要打出成為「亞洲第一」、「全球有名」嗎？再者，部分會議常聽到亮點、智慧科技、產業，這要榮耀自己，或是真想改善人的痛苦，使人恢復尊嚴為職志？

我們想過怎樣的二〇二五年超高齡社會?老是報導「下流老人」、「長照悲歌」「孤獨死」,一直糾結於這些議題健康否?這樣就可以改善?何不參考丹麥公視創立,後來歐洲廣播聯盟大為推廣的「建設性新聞學」(Constructive Journalism)理念,一起找尋出路。

歐洲不是天堂,北歐也不是天堂。可是和純資本主義社會有不太一樣想法。想法決定做法,做法影響人們活下去有什麼盼望、意義,感覺自己是誰,本書提供一些真實、多次現場觀察學習心得。

非常感謝一路二十多年來,許多人善待。在奧地利社區醫療中心請問護理師,失智者怎麼善用該國獨特的長照制度,讓被照顧者自行支配政府因應失能等級給付的照顧費用?一旁布幕後,有位正化療打藥的法官掀開簾子說「我來回答」!在以色列,筆者拿起在臺灣預先讀過的一篇社區照顧政策文章,註記一百多個地方想請教人。在剛落地以色列,有人來載,把握機會、時間,對載筆者的人提問。他說「我就是這作者」!然後他很高興,一路突破安檢,帶筆者去許多他學生當主管的機構,與別人不容易去,很尖端的研創機構和社區參觀學習。

在荷蘭,不斷去訪視二十年的公共電視國際部經理對我說「我要退休了,以後誰來接待你呢?我正在幫你安排人」!在芬蘭,一位牧師不辭辛勞在教育訓練機構上安寧照顧講習時，逐句口譯、看文件讓筆者瞭解很難的芬蘭語。後來老了摔斷腿還寫信給筆者，不時提供新政策資訊，並對筆者說，「我再也沒有辦法開車幾百公里載你去看新知，可是我家附近我還是可以。你想要什麼，何時來，請提早告訴我，以便安排」。在挪威，屏東基督教醫院首任院長九十二歲的畢嘉士醫師衰弱到必須戴呼吸器，卻不時幫臺灣設想，為筆者聯繫各種人要讓筆者看新而優質的照顧。另外有些資訊則拿其資料講解背景給筆者聽。

如果是您，不斷親身經歷人這樣對待，有什麼感受？什麼原因使人用這樣的方式經營自己的生命？

誠如零下三十幾度在北極圈開車兩千公里帶筆者造訪各地，八十一歲仍在芬蘭東部領導老年醫學研發，恆春基督教醫院首任院長黃斯德醫師說的，「為什麼我一九六六年到臺灣去？『因為基督釋放了我們，叫我們得以自由』（《聖經》加拉太書第五章第一節）。『你們白白的得來，也要白白的捨去』（馬太福音十章八節）」。「為什麼我二〇一七年繼續引導民眾用多種運動伸展或其他方法維持身體功能？答案一樣，我白白得來，我願意白白捨去」。一切出於生命價值觀！

觀察他國老人服務人才培育，同樣有參差不齊教育、家庭、種族背景、學習困難，倫理觀殊異學員，並非臺灣獨有。老師挑戰一樣不少，教學方法、課程內容、學習支持設計，不斷推陳出新。不是為新而新，更不是為科技而科技。而是本於價值，面對處遇，回應更好、更適合、更人性方式，支持更多人有幸福感的繼續幫助別人。常常內心想，這根本就是「公民再造」。

長照工作，尤其居家服務，外人看不到服務者做什麼、如何做。真是憑良知，要有獨自面對的勇氣與專業能力，用創意給人尊嚴。照顧者的日子如何，力量也如何。為什麼我國始終用九十小時培養照服員，挪威是八千五百小時？為什麼跨域照顧學習要發展自我導向學習合併小團體讀書會，時時注入新知與提問，讓大家定期平等激盪？為什麼比利時要發展由基層共同建立組織文化的活動、讓員工先學怎麼溝通應對，和生活幸福設計，這些燒腦的學習？為什麼丹麥照服員要學化學方程式，看懂被服務者家中出現的各種清潔劑？為什麼芬蘭護理教學法教科書要說，「人人有權在開會時質疑各種不可能」？

感謝上述多位前輩，才能得到這些不是一、兩次一、兩小時參訪能得到的內容。這本書先說他國人才養成，下一本分享他國服務設計。

感謝來自醫事、教育、社福、傳播前輩與衛政決策者賜序。他們精彩、真誠、專業提點，多角度拉高加深筆者才疏學淺難以提供的視野。

祝福讀者結合個人經驗激盪新智慧，成為推進品質助力。恭請閱讀指教。

CONTENTS

目錄

UNIT 1 營造人味價值文化 001

1-1 迎接超高齡社會——教會為例 …… 002
1-2 創新服務的價值基礎 …… 007
1-3 建構優質照顧文化——比利時 …… 012
1-4 優質照顧根基——平等自主工作文化 …… 021
1-5 跨域發展的文化基礎 …… 031
1-6 護士（師）節溯源照顧何來 …… 037
1-7 奧地利執事博物館看顧念由來 …… 042
1-8 利他推手——奧地利宗教文化 …… 047
1-9 當公視倡議全民互助——奧地利 …… 054
1-10 重視照顧科技倫理 …… 062
1-11 老人互助制度的基礎條件——瑞士 …… 074

1-12 訪歐遇疫情受惠信 …… 081

UNIT 2 更新老弱刻板印象 089

2-1 福杯滿溢新老年 …… 090
2-2 支持弱者發揮潛能重建尊嚴 …… 098
2-3 挪威發展失智觀眾專屬電視節目 …… 105
2-4 彰顯照顧專業價值的中國大陸節目 …… 109
2-5 讓失能發揮優勢——奧地利身心障媒體 …… 113
2-6 老人買電台藥的事實、真相與因應 …… 119
2-7 建設性新聞方式的防疫報導 …… 125
2-8 銀髮媒體識讀課未來 …… 134
2-9 從北歐公視小編學服務價值 …… 149

UNIT 3 人才培育——新進養成 157

3-1 優質長照學習先有師培——歐洲發展 158
3-2 從小學生到照服員——北歐混成學習 168
3-3 培養優質照服員——挪威 176
3-4 北極圈看偏鄉照服員培訓 188
3-5 比利時新移民照服員訓練法 203
3-6 好長照要好教材——挪威、德國 210
3-7 借鏡丹麥照服員教科書——營養篇 214
3-8 北歐教科書感控教育——以洗手為例 221
3-9 丹麥照服員學校實驗室 229
3-10 北歐照服員感控教育 233
3-11 照服員增能之道 238

UNIT 4 人才培育——終身學習 243

4-1 比利時長照體驗學習 244
4-2 以客戶為主體——挪威失智照顧培訓 248
4-3 學習新方法改善失智照顧 255
4-4 荷蘭長照福祉學程 259
4-5 戲劇學習——奧地利長照劇場 267
4-6 奧地利高中失智、失能素養課程 274
4-7 引導幼兒面對失智臨終——奧地利小冊 281
4-8 荷蘭大學長照設計思考教育DBE 286
4-9 從芬蘭公視看營造學習文化 292
4-10 靠社群媒體非正式學習 297

UNIT

營造人味價值文化

Nurturing Workers for Long-term Care in Countries:
Culture Knowledge Methods

1/1 迎接超高齡社會——教會為例

我們逐步邁向超高齡社會，而且情勢看來比預期更快。不難想見，接下來有許多挑戰，包括照顧人力、照顧支出和最重要的照顧溫度。

政府民間投下重金，似乎期待資源灑下可預期壓力隨之緩解。實際上越來越浮現的是照顧倫理爭議和面對大量資金補助的誘惑。而且事實是扶養比更嚴峻，真相是並非所有年輕人都願意負責照顧長者，或者因地理距離、幼年互動關係、經濟轉變、生活步調，讓願意照顧的人壓力更大。這其中包含職業照顧者、家庭照顧者、照顧離職者與超老主要照顧者。

新一代老人背景與生活期待和以往不同，當下社會處遇和科技發展也在更新，當資源有限、人力有限，如何跟上社會變化腳步？本於務實前瞻理念，發展經營端更有效能而客戶端更有幸福感的照顧，影響未來至為關鍵。

以往較傳統服務老弱思維布局，可能不足以因應暴增的需求與更高的期待，有四個因應方向可能對確保生活品質和資源永續運用有幫助：

① **轉變照顧理念**：以往照顧強調事必躬親，未來走向支持老人自我照顧；以往用醫療照顧為本，未來以生活照顧主。使長者避免按著照顧者的方便與要求，從協助追求生活意義中發揮潛能、彰顯尊嚴。

② **落實服務設計**：過去可能有少數專業人士與官員主導他們看為好的制度和硬體，未來以更共同參與、系統科學、價值導向的方式，找尋真正符合客戶期待的服務，節約人力，促進自主互助，開發資源。

③ **強化人才培育**：因醫療制度轉變，未來有更多重症孤獨長者在社區，職業照顧

▲ 挪威畢嘉士醫師學習給失智者擁抱布偶帶來安全感，非藥物方法改善躁動。

者素質必須提升。不僅照顧知識和技術，還有如何覺察、同在等態度，加上學習需要時間和激勵學習的方法，才能裝備足夠的能力。

4 激勵共同參與：人口結構轉變，人情關係淡薄，必須從制度和教育重建互信，鼓勵不同年齡、地理、社經背景的人以多樣方式樂在互助，穩定足量投入社區關懷，才能改善冷漠疏離的生活光景。

這四個方向對一般社會因應超高齡社會提供省思，也可供教會參與社會、回應社會需求參考。轉變照顧理念彰顯人受造的屬性、價值與榮耀。落實服務

▲ 臺北林森南路禮拜堂成立第三家庭推廣老老照顧。在失智據點學習與老人溝通。

設計，養成勝任資源的管家，來促進顧念的質量。強化人才培育則兼顧屬肉體和屬靈層面，深入洞見人真正的需要。激勵共同參與讓更多人有感同為肢體，從共同投入學習更健康的日常生活關係。

如今越來越多的教會覺察到人口老化而觀望尋求因應。例如是否要成立專業照顧組織，是否要冒增添行政負荷接手與官方合作的照顧服務，或是否要避開官方行政流程而另謀模式支持長者工作。或者認為這些都要更多支出和能否滿足長者需求而維持現狀，仍以講堂傳道查經為所謂本務。

▲ 挪威推廣老人互助，一個關懷據點有三位專職社工，其他五十幾位志工協力服務。

▲ 挪威男執事大學老師配偶急診，全校隨即組織學生投入關顧。照片是禱告的教堂。

其實教會不必真空狀態思考超高齡社會，因為每個地方都可能有需要也可能有資源。不必為輸人不輸陣，更不是要消費弱者榮耀自己。如果關心別人、顧念不同的人及在乎被忽略的人，是來自信仰一向的共識，則當社會處境轉變，自然思考教會的角色和信徒如何回應救恩，樂在分享。可是這除了熱情和呼召，還需要更多學習，以便有更好的裝備。如果能本於《聖經》揭示的生活核心原則，再一起從上述四個方向推演，不難看出更多具體的工作等著我們，將問題轉機會，化挑戰為祝福。

1-2 創新服務的價值基礎

高齡相關研究創新牽涉領域甚廣，到底會如何發展？從基礎價值看，取決於人觀、老年觀、失能觀。之後才有社會處遇覺察和解讀，理出願景，達成發展方向共識，然後是策略和資源分配，再來是對應人才培育。

「人觀」界定人的價值取決人從何而來，人的價值和財富、地位、生產力有什麼關係或毫無關係。再加上護理與長照重視的優勢觀點（看人還有的能力與潛力，而不是只看人失能的部分或看人只看到病），這會進一步影響老年和失能者的價值，可以對應

▲ 高師大「探索北歐文化」同學與身心障者對話，省思人的價值建立在哪裡？

社會如何面對高齡者和高齡失能者，以及長期照顧中的非高齡者。

基於上述人觀、老年觀、失能觀，可能特別重視全人照顧，看到身體、心理、社會、靈性多層面，可能不會忽略科技工具價值，但不至於過度寄望科技增進人的福祉。這就和一味想用科技成全產品投資，把高齡社會過度視為一塊獲利市場的創新投入動機不同。

同樣本於人觀，若認為平等很重要，不能忍受別人受苦，是一種存在責任，也可能影響高齡領域人才培育的議題導向。例如，從市場導向價

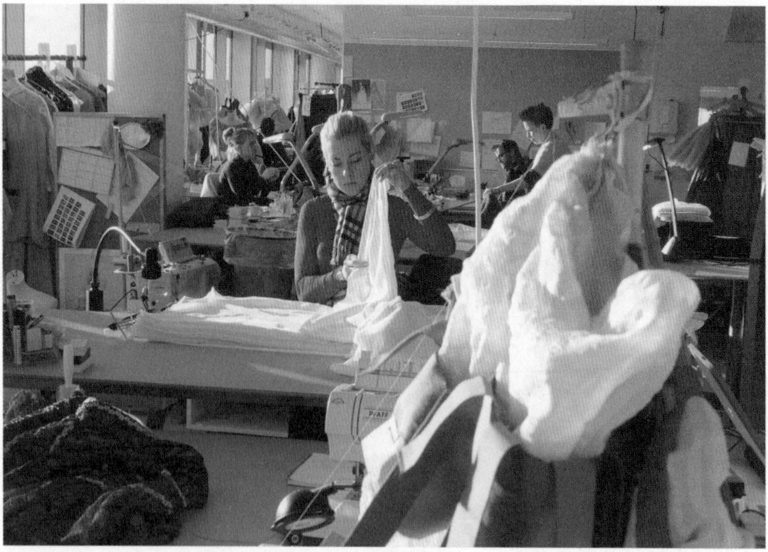

▲ 挪威國家歌劇院戲服工廠。看到人與動物不同，有創造和審美能力，活在關係裡。

值，有人投入所謂高端市場。這種投入者不在乎其他人過得如何，或者美其名先做高端獲利了再來想其他市場。想的還是市場，而不是聚焦關切其他人。

若真的由心發出平等與價值不建立在俗世標準，則研發新藥也好，高齡住宅也好，照顧服務也好，高齡居家通訊科技也好，輔具也好，必然從頭就想到如何讓貧困人一樣受惠。這當然影響人才的格局和議題方向，以及和哪些其他領域者合作、與如何合作。

芬蘭有明顯例子。初期研究發

▲ 花蓮畢士大教養院德籍顧教士分享照顧社會上被忽略的人，不是用機器可滿足。

想實驗行動，產生如影印機一次可供應多份餐點的居家供餐出租機，長者可以預定多種餐點，在家點餐時，機器還會講話。但想到失智者處境以及對人的互動需要，這種很炫的點餐機的價值被保留。更廣泛推動在地老化時，老人要為自己負責，每天登錄傳送身體健康數據，但會考慮不同教育程度識字率如何影響弱勢者健康權益。

挪威也有例子，如醫院中的服侍善工護理服務制度。起於護理師有感病房制度忙碌而且分工細密，難以讓護理師實踐更完整全人照顧專業理想。後來研議而找到外部資源，發展出非當班彈性巡迴服務制度，讓護理師每週有完全自由時間在病房觀察溝通，支持病人身心需要。

高齡領域研發人才和服務人才的態度、知識、能力、技能如何強化？首先健康的基礎思想價值，影響參與者動機、態度、意願、議題發想和抉擇。增強知識和能力，要靠跟上時代學習的學習工具和學習方法。例如，面對實務變化快速，重視把更高比例的學習放在做中學，搭配更彈性自由的混成學習，形成多次深度反思和跨越時空的合作學習機制，取代以往面對面單向約束較多的學習方式。因為這些方式比傳統方式更能加速累積實務覺察和省思，養成基礎知識，追求進階知識，進而接地氣的創新知識，反應於改善問題，甚至影響技能適切性。這有實證基礎的不斷翻新，當然是正向的。

這種知識增能，主要不是靠教學者傳授知識，而是教學者扮演引導角色，誘發學習者本於基礎知識，能對每日實際工作觀察體會，產生有方向視角的好奇與有效從客戶處境的眼光，看世界的「看為善」（而不是一廂情願由管理者與旁觀者角度）的願景期待，聚合多人透過設計方法對話精煉出有說服力和未來性的新觀念與新知識。

比利時有相關例子，如「23＋1照顧」。因為希望增進失能、失智者福祉，於是探討專業照顧者直接密切必要的失能、失智照顧所用去的時間，由輕度到重度介於半小時到一小時十五分之間。接著就問一天二十四小時扣掉這些必要被限制的時間，那其他二十三小時客戶在做什麼？進一步形成議題：「如何在非密切直接醫療照顧外其他時間，給予有意義、有盼望的生活設計」？由此展開跨域合作對話與研發，進而有更務實、與時俱進的現代化照顧模式。甚至影響照顧組織創新和人員職責，進而有「老人護理照顧倫理尊嚴實驗室」，這種跨域反思體驗訓練中心。

晚近在荷蘭，發展高齡福祉學程，挑戰WHO對健康的傳統定義和參照標準，將健康視為失能後調適的能力。因為傳統醫療過度疾病導向無法以片段分工照顧方式提供長照客戶多面向有品質的生活，必須翻轉福祉理念。而複雜多變的生活處境問題也不是傳統分科教學養成能夠應對。需要更彈性跨域合作來確保找尋解方，降低掛一漏萬或見樹不見林。而這一如前所說，人觀、老年觀、失能觀，健康觀也將影響議題形成，以及對應的人才態度和能力養成與技能界定方向。高齡領域人才培育逐漸可能主要不取決於你屬於什麼領域科系，而是你在意關切什麼，以及怎麼看待人的價值與支持客戶導向何種處境被專業客觀、客戶主觀皆「看為好」。

1/3 建構優質照顧文化——比利時

老人增加，照顧服務也增加。大家都希望照顧服務有品質，而且品質越來越好。但怎樣不斷更好？很多人認為就是砸錢。但是過去幾年我國推動長照已經不斷加碼，可是還是有很多問題產生。看來，照顧品質似乎未必與砸錢數量成正比。觀察照顧品質不錯的國家，似乎有一定的發展程序，然後才能談砸錢效益。這些程序包含良好的人員養成方式，等人員進了服務單位就靠形塑良好的工作文化。但工作文化，這種乍聽之下人人點頭稱是，要怎麼發展呢？比利時長照機構有不錯的經驗。

聖伊麗莎白安養機構（Woonzorgcentrum Sint-

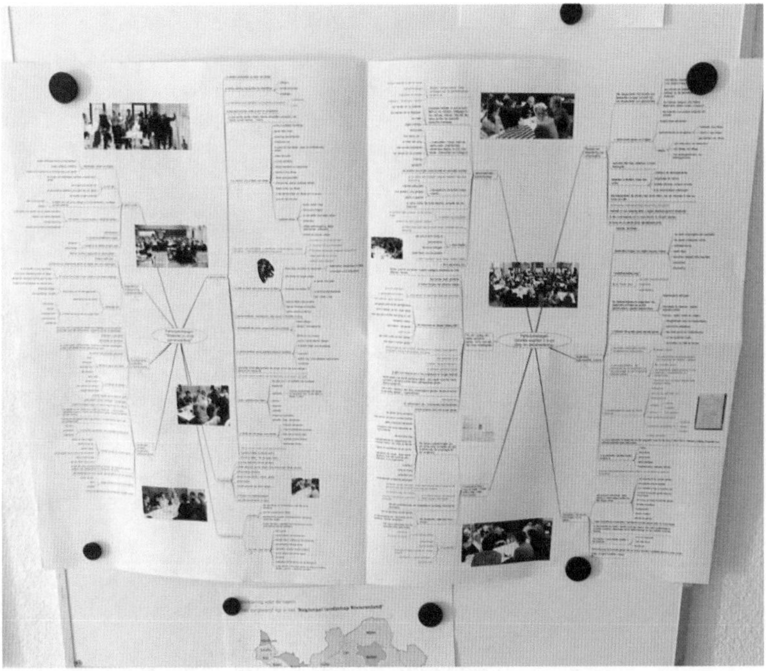

▲ 比利時長照機構工作準則，根據員工照顧故事濃縮價值觀再展開為準則供依循。

Elisabeth）可容納九十五床，在辦公區牆壁貼了一張密密麻麻的工作指引，將工作價值引導同事之間如何相處，和照顧者與被照顧者如何互動，逐一明確以樹枝狀列出。這不是應付評鑑用的，而是這個機構與其連鎖單位在數年前一次共識會議共同找出。透過全員參與過程，發展未來工作方式，要讓所有員工和後續新進員工都明白，大家共同追求的，是怎樣的工作文化願景。

▼ 比利時長照機構主管開會討論問題，有困難先看牆上工作準則圖，成為創新來源。

和各國一樣，長照機構都很忙，怎麼做到全員參與？如果不能全員參與，又怎能集合經驗達成認同效果呢？他們實施方法（工具）是用三天時間，全員分批參加。每八人一桌，每人分別分享自己過去一年最得意的照顧經驗，這活動引領大家進入正向思考，擷取個人工作經驗。然後由同桌的人聽了以後以幾個字的觀念來詮釋。所以每人一個故事就可能引發幾個到數十個不等的詮釋觀念。當八位分享完，就有數十個來自真實在地故事的觀念，各組整理歸納，再合併各組整理歸納，最後找出一定數量共同觀念。

接著，將這些觀念連同原始的分享故事原稿，一起送交機構的核心高階幹部，再由高階幹部審閱，從觀念詮釋所期望的具體作為，公布給全體員工。為什麼前段全員參與，到後段變成幹部擬定？曾來臺灣辦講習訓練，這連鎖長照機構之一的主管馬蒂說，考量實際人力和時間，以及怎麼做最有效益，所以後段從願景核心價值再轉為具體作為的階段，不再一一勞駕全員發想，而是由幹部承擔責任。但幹部會不斷根據原始故事來衡量討論，以便書寫最適當貼切的未來願景工作指引。

從那份指引完成後，機構每逢發生新的挑戰，或者管理階層發現照顧不夠理想時，甚至員工之間有爭議時，只要開會，就會問願景指引是怎麼說的？大家據以推演改善問題的

▶比利時長照機構設「品質控管專員」，負責解讀評鑑和員工訓練，改善照顧品質。

方式。這和軍隊操演的準則有點像。凡有武器或演習要如何妥善因應，會先問準則怎麼說。這可以避免人治色彩造成的不確定，和不知如何是好，也就降低不必要的衝突摩擦和社會成本耗損。

願景指引到底寫了什麼？以下舉點例子。最左邊是最大原則項目，每個大原則項目之後次大項，然後有細項。例如最大項原則1「信任」：「信任」之下的次項為1-1：「相互施與受」，細項「管理員工時」、「同事之間互動時」、「照服員和家庭照顧者互動時」；次項 1-2「真誠」，細項「我們容許個人表達軟弱和暴露真實的自己」、「容許做真正的自己」、「願意接受回饋建議」、「信任創造開放態度」。最大項原則 2「欣賞認同員工」：次項「才能被重視而採用」、「不必完美」、「得到他人欣賞」、「尊重別人的工作並肯定貢獻」、「用多元方式表達」、「尊重其他團隊的貢獻」。之後的最大項還包括「透明」、「創意」、「合作」、「正向」、「連結」、「同在」等等。每個大項後有很多具體、實際、有人味的行為態度指引，至於各次項細項數量不等。

在去比利時學習之前十三年，筆者曾在挪威評價非常高的醫院看到類似的願景價值操作原則如何形成和實踐。共同特性是高層主管要意識到由員工共同發展願景的必要和重要，形成組織運作的穩定基礎。然後尋找工具由基層由下而上來參與執行。

當時挪威醫院執行長和引導筆者去學習的挪威朋友都一再強調，不要看到結果就拚命抄，想要拿去臺灣用。因為挪威和比利時這些豐富動人的互動理念，是一步步推演出來。這需要預備良好的氛圍進行活動，需要反思時間，從開始預備到完成要幾個月。看來有些費事，可是形成後很穩固，員工彼此都很清楚。有點像一場激烈的籃球賽，場上的球員發生什麼事，場邊的球員可能同時發出讚嘆或扼腕聲，因為有一致的基本底蘊。所以，不明究理的外來訪視者去抄當然沒有什麼用。不瞭解而抄襲去用，恐怕只是引來更多員工焦慮和不知如何是好。

比利時這連鎖長照機構以上述方式建立新一代經營願景指引後，除公布於行政走廊來往易見，還有間會議室的牆壁用顏色板把這些細節美化裝飾於四面牆壁。所以每次不論什麼重要會議，前後左右都能便利看到這些說明。能內化指引於每日工作和面對挑戰，幫助員工相互激勵有自信，本於相同想法一起找新方法提升品質。

▲ 比利時長照機構有工作指導原則，引領員工重視價值觀，有所為和有所不為。

我國老人數量成長非常快，失能、失智照顧需求也成長快。政府、民間很急著要提升品質，除了照服員基礎養成太短與養成方法要更進步外，共同願景與工作文化建立也是重要基礎工程。否則等於沒有根的焰火，或者潛藏風險，或者照命令行事而無開創方式給予照顧者和被照顧者更多生活品質的空間。

過去我國照顧機構常說錢不夠，照顧者常說人不夠。但是走訪許多照顧品質算有口碑國家的一些機構會發現，國民基本生活水平不同是事實以外，其實照顧機構人力比未必比我們好到哪裡去。倒是發展共同願景與工作文化的方法與行動力，有些差異。有沒有人想過，認為人手不足的時候，同事之間關係如何？是合作還是不合作？護理師與照服員互動如何？大家心裡想的是一樣的照顧理想圖像嗎？有次筆者聽到一位機構老闆親口說他的核心理念「老人啦，住總統府也一樣啦」！若內心是這樣想，將如何影響營運？

好的基礎訓練，加上願景與工作文化建立，再來談科學有效的外部或政府評鑑才有意義。若前兩者沒進步，一再由政府派幾位教授來看書面資料，用短短幾小時逛逛機構，聞聞氣味，可能對提升品質效果有限。我們的長照從業人員很有潛力，願我們正視發展方法，建立更永續實在的工作文化來支持老化的社會需要。

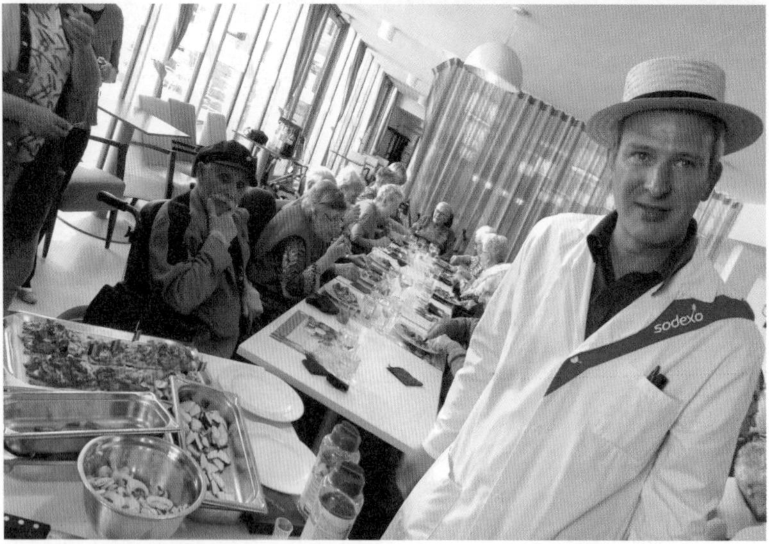

▲ 比利時長照機構設活動帶領組，圖為執行個別化活動和邀廚師帶領異文化餐會。

1-4 優質照顧根基——平等自主工作文化

一家醫院有護理師問，一人房換人住會紫外線全屋消毒，但四人房永遠都有人進進出出，沒有全空間消毒。那些隔離窗簾多久洗一次？沒有人知道。無數病人在裡面有飛沫甚至血漬等各種殘留，但當有人有疑問卻無人回應，多次之後習以為常。另一間醫院也有一樣挑戰，可是大家願意一起想，後來變成四人房定期全空間紫外線消毒。要實施時若裡面還有病人就先告知然後全推出來，等好了再推回去。這種感控問題能否改進，兩家醫院這樣不同。

一個都市花巨資邀請丹麥專家來進行跨組織的服務設計創新方法講習，全市健康中心主管和部分員工到場。這方法本身就是要開放、專心的抓出所有客戶與基層工作者過去累積的意見，然後有效匯集，頗費時但較精準。專家席間問與會人員有什麼看法，問左邊的，左邊的說：「部屬有來，怕部屬覺得是命令，還是不表示意見好」。問右邊的，右邊的說：「自己的長官坐對面，還是長官講比較好」。這位專家頓時困惑，「這樣請我來做什麼呢」？其實有些與會者有看法，但也不說。於是，計算四小時這麼多人的公帑支付與會人員的薪水，和付給專家的費用，就這樣用於整整一個下午。

一個資源豐沛的失智照顧組織找到一處空間要發展新的日間照顧中心。主管不先問到底誰是客戶，或先找方法歸納客戶想要什麼，就四處問有什麼外國模式可以使用。因為主管的老闆說要有新意，所以他到處找模式。幾年前大家不是嚮往荷蘭失智村嗎？不是已經請該機構主管來臺灣講習了，都不能用嗎？回應是「荷蘭那個要花很多錢」。其實外國人的模式是結果，之前不知道花多少心思討論。而且像

▼ 比利時老師教導老人活動推演工具，和丹麥一樣強調開放平等討論才能創新。

荷蘭博祖克居家照顧這類模式是員工能開放討論、各小組自主管理才能奏效。或許這些荷蘭照顧有許多觀念可以抽離、轉化。但這新的日照中心似乎等不了。

一個大型機構要蓋新照顧大樓。主管說園藝照顧很重要，於是主責的首席建築師把樓頂水泥地設計許多水泥砌的菜園，這樣長輩可以到樓上去。這地方一年有許多時間氣溫三十五度；又說要重視安寧照顧，這是長照國際趨勢也是政府重視的，可成興建計畫「亮點」，於是主責的首席建築師就把每層都放個彌留誦經室，似乎沒人去想若如此，整層還沒臨終的天天都可能要聽彌留誦經，這是怎樣的生活品質？但因為金主說要重視安寧，所以就這樣設計。直到這一步，沒有人去問老人的感受，也沒有人在設計會議提出討論。如果再沒有人提疑問，就會繼續按圖施工，可能成蚊子館，也可能打掉內裝改建。

近三十年來到歐洲各國訪視學習醫療照顧，雖然筆者不是醫護從業人員，但是對於訓練與如何推進服務品質深感興趣。這包括維護照顧者與被照顧者安全，進而推進幸福感和永續經營。累積觀察後感覺到這些一代代的變化，總有讓人耳目一新或者人味溫暖的驚奇。不一定是什麼偉大的發明，但是很可以看到許多小處找到更有效能務實，非湊數式的進步。

再進一步探究，發現一種誠心重視基層與管理階層之間平等互動與互信，共同解決問題的工作文化非常關鍵。舉例來說，在挪威有個服侍善工醫院（Diakonhjemmet），決策階層本於成立宗旨，引用《聖經》好撒瑪利亞人故事給所有員工探討，凝聚出包括公義、平等、卓越等核心價值，然後所有員工本於這些理念以部門和個別職務省思如何落實。後來護理部門發現現行排班制度讓許多護理師難以實現護理理想照顧。再經討論，發展出服侍善工額外護理服務制度，鼓勵護理師每週有些自由時間

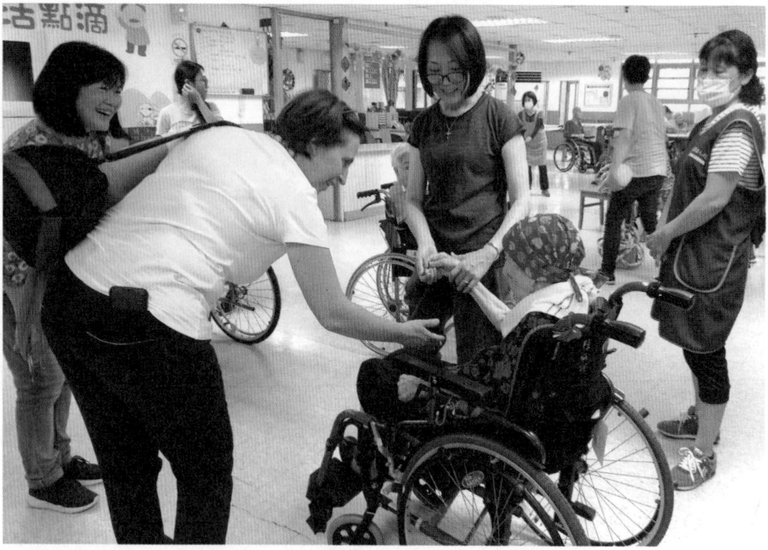

▲ 比利時長照老師參訪機構，質疑住民失能就搬到別的照顧區的作法，並建議增加帶活動人力。

彈性運用遊走病房。這制度後來增加員工成就感，讓有些病人的需要被看見。例如足部清潔、幫病患打電話等。如果沒有充分授權和互信自主的文化，如何讓核心價值討論免於形式交差？

另一個照顧現場的例子是如何避免束縛方式照顧。越來越多的歐洲國家認為只有當場犯罪的人該被束縛。在臺灣，許多醫院加護病房用束縛方式避免病人扯掉照顧管路，看起來這是多麼理所當然。然而在比利時，醫院和長照機構經過研究告訴照顧者，束縛方式表面看有效的用壓制的方式控制行為，但實際上在看不見的身體內卻可以造成各部位傷害，還有心理影響。在臺灣曾有老人住院出院後說，這種綁起來的方式讓他失去求生意志。這種影響不是外表看得到，但新進護理人員看到也只得接受現況，工作文化似乎很難容許開放空間去討論如何改善現況。

在挪威，醫院也得面臨病人可能拔掉管路的風險。多位資深護理人員同意是風險，但不是所有住加護的病人都有這種風險，要看狀況。如果必要，可以加請一位護理師在旁。筆者告訴臺灣的醫師與護理師，他們的反應除了立刻說人力不足以外，有位醫師的回答很有趣。他說，其實在讀醫學系以來，所學的就是壓制，他的頭腦沒有針對個案加派人手的這個選項的想法。他讀書的時候，一直在抄筆記聽講，這種價值討論和連結倫理的反思因應素養相當不足。

除了機構組織內的，擴大到跨組織的也是如此。挪威現在發展失智照顧很成熟，有很細緻有系統的教材與自主學習方式。一冊又一冊產出，可不是束之高閣的結案報告或花錢印製分送但基層無人理睬。而是能用以討論，繼續創造知識，幫助很多人增強工作能力。怎麼來的？這是由於國家老年健康中心（Aldring og helse）定期辦研討會，計畫性邀集各地基層相關照顧者提供經驗與建議，逐年收集而來。試想，如果基層照顧者不相信自己的意見有人聽，或者沒有適當的場合氛圍鼓勵大家表達，怎能發展這種絕對接地氣又有前瞻觀念的知識創新？比起只是找幾位趕場的學者專家給些意見是多大差別？

二〇一六年以後多次到不同國家醫療學校與訓練中心，發現其實新進人員基礎訓練養成除了技術，普遍相當重視實作和開放討論。不是老師教、大家閉嘴學就對了，學生得本於所學很明確詳細的說明自己的想法，還要拿著和同學討論再找出更好的做法與根據。這種學習未必為了專案研究或論文，而是日常學習方式。學生必須得有系統思考，敢講，知道怎麼聽別人的想法來回應。這和將來怎麼聽同事與被照顧者的溝通有許多相似素養。

▲ 挪威基督教醫院執行長解說如何發展核心價值和操作準則，用於全觀深度照顧。

有位挪威老師提醒筆者，他們不只大學如此，一般小孩在七歲前，在家庭和學校，就已經不斷被多次平等禮貌的徵詢意見，家長和老師會以平等的高度和眼神、姿勢、表達用心聽的態度，設法根據小孩的意見來回應生活決定，小孩也慢慢學習為所做的決定負責。這需要長期養成，他的話擴展筆者的視野來為那種互相尊重的文化找答案。如果很多人都這樣長大，而不是用被罵、或聽命學習，當然長大比較有健康的自我形象和敢於表達。

這種情形在丹麥也是如此。幼兒園小朋友每次下課要三人一組討論，大家輪流帶領討論，用和善的言語、理解對方感受的方式討論，決定去操場玩什麼。這不是天方夜譚，他們有這種教學活動和豐富的教材。幼兒園沒有在學外語和許多才藝，但在自由的玩和學習溝通占很多時間。

臺灣朋友在丹麥任長照機構護理師，他們面對拒絕洗澡的失智老人不可綁起來，他們得討論怎麼辦。所以三位護理師想好溝通辦法進去失智老人房間，發現沒用，又出來根據剛才的過程繼續討論，再想辦法再進去房間試試。又不行，再出來討論再進去試試。這看起來多麻煩，可是很多更好的，讓彼此有安全感的溝通和照顧方式是這樣發展出來。等到大家採取新的做法，沒有人會質疑或裹足不前，或只在一旁議論唱衰卻不行動，讓三位工作人員變成只有兩人的力量。因為大家都參與改變的過程，從同樣的理念往共同目標而去。這三位護理師如果不相信他們的意見會被採納，怎願意討論？這種討論要氛圍良好，似乎又是小時候幼兒園以來互動方式的影子。

有清楚的價值觀成為持續往前的驅力有所為有所不為，有平等自主的互動，彼此有互信與安全感，敢表達、願意參與，是許多服務

▼ 來自各地醫護人員學習比利時 GPS Flanders 設計思考方法，落實照顧願景。

創新有效的基礎。反之，可能一直困於現狀，或忽略他人發展脈絡的移植表層架構，然後在難以推動時再來認為文化國情不同。

曾有位出生於臺灣，長輩得醫療奉獻獎的外籍朋友，後來自己也當了醫師，並且有很好的發展，也曾到多國協助他國醫療。他直言，工作文化太重要，看到臺灣年年這麼多人出國考察，又花這樣多資源想發展長照，建議臺灣要重視營造進步的工作文化。因為這影響一群專業人士在一起幾年，會有什麼結果。

在臺灣目前流行設計思考（design thinking）、處處強調長照創新活動、許多組織機構力求最短時間端出問題解方時，或許可先想想，我們的組織具備多少「有清楚的價值觀，有平等自主的互動，彼此有互信與安全感，敢表達、願意參與」的工作文化？員工來到組織前是怎樣的成長經驗，如何影響他們的工作觀？雖然人人不能從出生再來長大一次，養成更健康的自我、開放的心和友善溝通習慣。但若能覺察工作文化的影響，和員工背景與這種文化形成的落差而願意設法逐步拉近，長照發展才能更有效運用資源，發展出抱怨最少，禁得起考驗的做法，共同營造出眾所期待的未來。

1/5 跨域發展的文化基礎

在北歐，有所謂北歐價值，大致上本於民主、平等、合作、分享原則，希望追求共善，而且福祉必須及於所有民眾。不願見到別人過著不如我的生活，是源自基督教核心思想。儘管今日北歐已逐漸世俗化，但基本人觀仍影響社會。

在這些價值之下，人民從小培養互助和如何透過理解包容想法不同的人，本於共同趨勢目標，看見人的需要，一起嘗試找尋更好的改善方案，創造多贏。

自幼培養的獨立思考和社會關懷，兒童

▲ 挪威國家老年健康中心成員介紹在職教育跨領域主題自學教材，全國九成鄉鎮採用。

青少年時期對於人的價值超越不同行業所得職位為價值標準，而看重本於樂趣實現自我，又以顧念別人、成全別人為榮耀。加上層層鑑別制度，所以後來進高等學府從事教職，多數是具有潛質又有興趣，且重視人文關懷。這些是北歐迄今仍然是世界創新與競爭力穩定的社會文化背景。

從這些背景，高等學府人員很重視社會發展趨勢，加上基本社會統計資料長期精確完備，故時時會從多面向考慮投入很有未來性的問題解決型研究。基於共同關懷主題，希望找尋更能永續的發展對策。以下舉幾個例子。

▲ 挪威老人活動據點主管與營養學教授合作，分析送餐營養比例和如何補強需要。

首先是大學投入老人餐飲研究。挪威西部史塔萬格市最早有罐頭工廠，後來因捕魚業榮景不再，工廠食品保存研究中心轉型成為老年飲食開發中心。希望提供越來越多老年人能咀嚼吸收的充足營養，而且老人願意採用，還要付得起。這一連串想法最早卻不是起源於營養學者，而是腦科學家。因為看到多數老人蛋白質不足，嚴重影響健康又容易發生意外。他想瞭解到底影響老人取得足夠營養的因素有哪些。從以往經驗發現，可能知識不足，也可能口味不好，也可能咀嚼問題，或者失能、失智，感覺用餐過程尷尬，或者癌症，還有餐飲視覺、餐具顏色、形狀、材

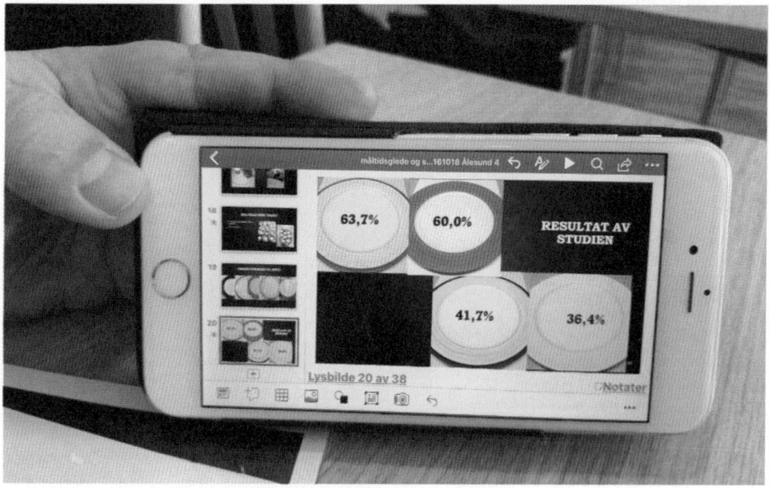

▲ 挪威大學為支持失智者能取得營養，研究餐盤對比色彩和形式影響失智者食慾。

質設計，也可能只是因為獨居。後來這位腦科學學者擔任老人餐飲研發中心負責人，就本於這些因素，延攬大學多種領域學者一起研究，從派人到老人住家翻冰箱照相來分析，到查閱老人送餐的餐盒如何被取用，每餐蛋白質取得比例和如何補強，再到居住處境的人際關係。這些牽涉行為科學、醫學、營養、社工、心理多種背景專家。這些研究累積用於改善老人送餐內容調整，建議用餐場所、發展護理師到宅陪同用餐等等，許多可能乍看之下浪費錢，或者不可思議的新政策。但其實都是經過研究而開始的新嘗試。再不斷微調，成為可商轉或直接由政府長期支持，或者經告知民眾而由民眾負起一部分責任，來成為新的生活選擇。

相似的基於共同願景而跨域的例子也發生於南丹麥大學運動及臨床生物力學系活躍與健康老化中心。最早是國際綜合研究看到各國人民運動不足，對健康影響值得注意，然後又想到老人肌少問題嚴重。從芬蘭到南丹麥大學做研究的物理治療師蔡立棠說，這些光在芬蘭就造成一年數十億歐元醫療損失，所以如何降低醫療開支，把資源用於福祉，值得關切，而有多個跨域研究產生。要改善耗損，要取得營養，甚至因而開發新的高蛋白食品。

一樣是為了提供老人足夠蛋白質，此處研究想瞭解一般民眾如何平價取得足夠蛋白質，還要取得食材能符合減碳原則。又認為如果這些蛋白質取得方式得到足夠營養，又能多運動，則可降低交通污染，維持環境永續。從這些故事來看，其健康促進聚焦營養研究，已經不是只從營養學看問題解決方法，而是從環保、食材、延緩失能等多種角度來考慮新一代蛋白質增強的建議方案。希望老人多吃蛋白質不會造成環境負擔，還要多用本地產品。還想把老人運動和飲食關係弄得更清楚，讓其後對政

▼ 南丹麥大學健身房用器材追蹤營養與運動延緩失能關係，推演廉價、普及的運動。

府與老人的建議，可用於本國，也可用於他國。

以上只是兩個例子，但是可以看到發起研究的人的背景，和最後研究的主題，從我們臺灣一般學術跨界研究來看，似乎較難完全想像該是誰的領域或者該是誰發起，或者不該誰發起。而是源於關懷本質和資源永續，再來逐步發現通往願景的專業知識缺口而組合更多系統合作，以便找出更穩固周延的發展藍圖與發展方法。

▼ 南丹麥大學操場，多種方式給不同需求的運動，有感應設施監控使用者身心變化。

1-6 護士（師）節溯源照顧何來

每到國際護士（師）節，護理人員受到注目鼓勵。其實從五月十二日前就陸續有護理科系加冠儀式見諸媒體，在一般學府各科系畢業儀式顯得特殊。因為這是個助人並且要付上可觀代價的工作。

然而隨著時代演進，護士（師）節的由來和近代護理歷史卻不一定在護理科系詳加討論，可能在護理導論課程有一點。近代護理由來為何？本質為何？西方護理源流無疑與基督教信仰有密切淵源。

南丁格爾被奉為典範，因為所做和所信。目前在一般學府強調專業價值，但不一定重視南丁格爾的信仰層面。其實在南丁格爾之前，從天主教到改教，歐洲已經逐步有源於教會現代化、專業化照顧發展。例如德國從顧念孤苦無依身心障到病患，從身體照顧到靈性照顧的相關倫理，還有工具方法與訓練學校。

這些發展的基礎思想來自《聖經》的人觀，包括人的價值來源、人與神的關係、人的軟弱、人的平等、人的互動關係、人對他人的責任和人的盼望在哪裡。因這些而建立誰可得到照顧、為何照顧和如何照顧。

從歷史看，改教後一路發展的照顧創新服務，許多來自本於顧念的決心，對人的苦痛的更深在乎和對人的苦痛的更多理解。教會主導政治和教會受到社會重視的時代，教會資源多，教會人才多，教會對社會影響大。

後來為了照顧效能和社會變遷而有公共資源契約的政府制度涵蓋醫療社福。這時教會理念的照顧受到挑戰，一方面資源稀釋，二方面理念與政府公共制度未必相同。這使護理走向專業，但本質也不再唯獨以基督教信仰為本。

尤其當代移民全球化講求宗教平等，連老牌基督教國家醫護人員都被禁止在病房診間為患者禱告。這固然是尊重不同宗教文化，但若連討論護理歷史或慶祝護理師節，也輕乎宗教信仰對照顧理念影響的史實，有些可惜。

一個社會對照顧理念的變革，可以影響對護理的期待和支持，和對職業照顧者的看重。一位照顧者內心深處怎麼想這是什麼？照顧是積功德？是職業？是服務？是助人？是服侍？或是別的？可以影響工作的做法與態度。新媒體時代怎樣選擇相關照顧議題與如何報導，又可以影響社會對照顧工作的形象與理解和相關決策。

包含護理人員養成方式，例如多重技術教育和多重價值教育，以及用什麼方式完成引導這些學習。還有職場友善，例如照護比、醫師待命算上班，護理師待命算休假？還有同業之間如何彼此善待？這些不但影響從業意願，也影響日後有社會危機時，有多少退休人員帶著什麼樣的職場經驗而是否願意回頭支援。

因人口老化和職場分工，醫院與社區又多了助理護士、護佐、照服員和看護等，未來還會組織起社區的非正式照顧者來因應不足的職業照顧者與辛苦的家庭照顧者，和越來越沉重的照顧需求與有限資源。這些都是第一線照顧

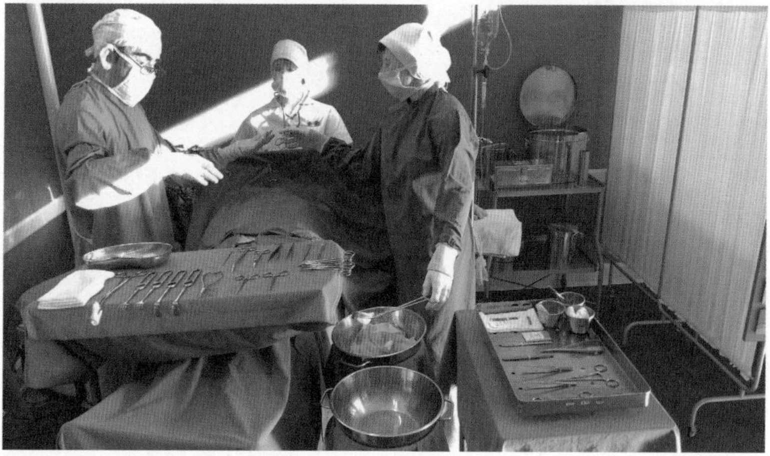

▲ 丹麥護理博物館展示硬體與技術，呈現同理顧念與尊重病人的照顧價值。

者，肩負觀察、陪伴、維持生命和生活幸福的社會期待。如何拉近職業照顧者的專業素質和價值態度的差異，並幫助非正式照顧者能與各種職業照顧者有良好配合，使未來社會的照顧更有共識至為重要。

我國每年從醫院離開三千護理師，長照培養的照服員會投入職場者則約三成。另有二十六萬外籍看護，擔負護理人員不滿意但家屬別無選擇的照顧，而將來他們很可能大量回鄉。護理人員短缺是全球現象，我國因少子嚴重，未來能投入者必然更少。這是不折不扣的危機，因為一位被照顧者可以影響全

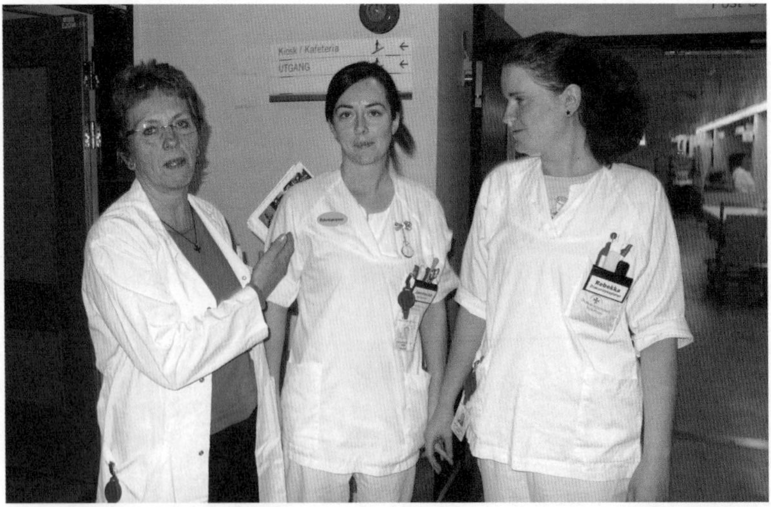

▲ 挪威基督教醫院設「服侍善工護師」制度，讓護理師實踐當班難達到的理想關懷。

家，一大群被照顧者可影響整個社會。

沒有健全思想價值基礎為底蘊的資源投注，可以換得一時亮點或某些照顧成就和獲益。但能夠多麼從被照顧者的眼光來看世界，很有討論空間。當人人期待得到最有感、有效、有溫度的照顧，我們得一起想想，如何共同創造支持良好的照顧人才培養方式和更照顧到照顧者的職場環境，幫助他們發揮所長，樂在工作，促使這些能於新的處遇和挑戰還可永續發展。

在護士（師）節時，或許我們從其由來，和我們當下與未來社會處境衍生更多非護理、不被稱師的第一線照顧角

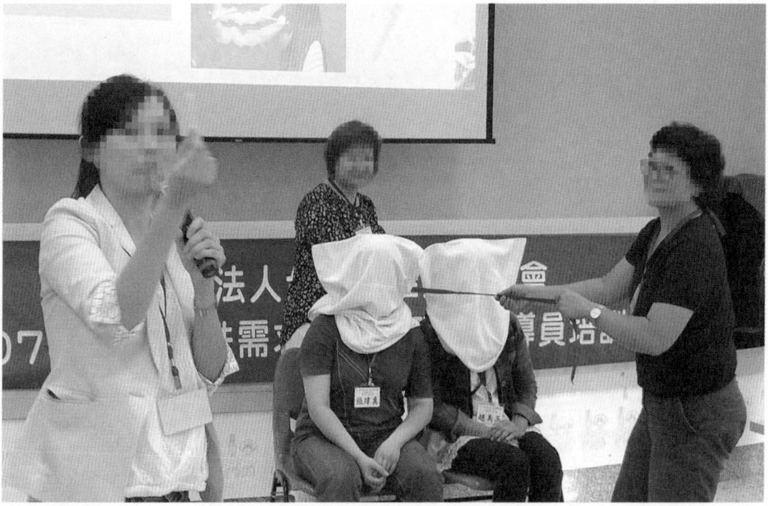

▲ 護理師參加口腔照顧訓練，學習合作激盪創意衛教，推廣牙線功能和正確用法。

色，一起思考，歷史上西方社會乃至臺灣早期許多先進動人的照顧故事是怎麼發生的？為什麼發生？真的是因為有錢？還是有信仰？信仰如何影響照顧工作的品質與永續？沒有信仰或不同信仰的照顧，又如何影響我們期待的照顧？

1/7 奧地利執事博物館看顧念由來

奧地利小鎮加爾諾伊基興（Galleneukirchen）是基督教醫療與社會服務很興盛的地方。這裡有個「執事博物館」（Diakoniewerk museum），收藏記載過去兩百年教會執事服務歷史和收藏物。[1]

1 請參見：https://www.diakoniewerk.at/wer-wir-sind/besuchen-sie-uns。

▲ 執事博物館百年前輪椅和開刀器材，照顧教育孤兒的自製玩具，看病更看人。

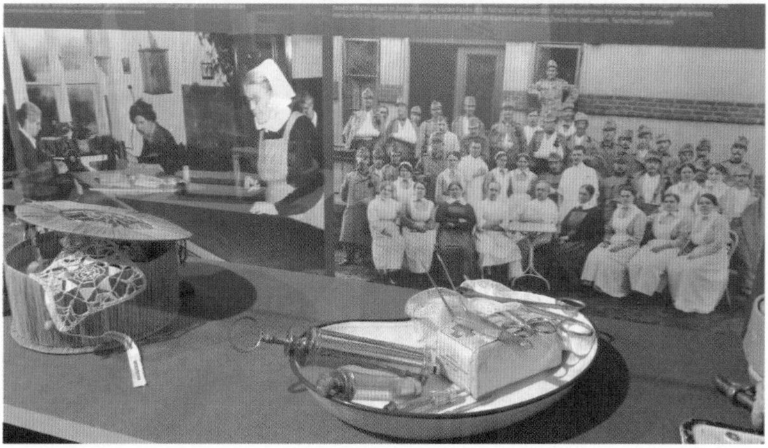

▲ 教會服務是近代醫療起源，兼顧病痛與靈性，還有縫製衣物生活照顧，要求美感。

其實這類名為Diakoniewerk的教會組織起源於改教後德國，後來相似制度傳到北歐各國與奧國。希望創造婦女服務機會，早年曾有許多女性專職醫療、社工、教育，照顧孤苦者、身心障和病人與老人，就是按著《聖經》說顧念各種容易被忽略的人。

這類工作在教會體系通常與牧師、司琴，為三種全職服務者。在教會內有男性也有女性。但單一教會外，以某些服務為使命的組織，很多以女性為主。有的地方成立學校培養後進，傳承核心價值和專業能力。在一百多年前，許多人從年輕願意獻身服務的時代，承諾這些一生服務的人

▲ 奧地利一輩子服務弱者的執事們老了，組織承諾照顧他們，住在專屬的機構。

到老時，一定讓他們有地方、有人幫助來安享晚年。

過去兩世紀以來，現代化公辦福利制度興起，教會組織不能再如早年完全以基督教思維服務維持品質，而且資源相對政府集中稅收就顯為弱勢。因此，往往在繼續獨立發展或必須尋求與公部門合作妥協兩難。但若處於保有基督教精神的社會，還是得到相當程度尊重。

這類服務組織則很留意公共政策與資源涵蓋不到的對象。看到社會需要，創造服務回應需要，累積經驗和事蹟。有些甚至擴展到海外服務。

此博物館空間只有九十平方公尺，很有啟發性：

1. **合一服侍**：解釋服務組織發展歷史沿革。早年同一地區有來自兩個不同淵源的組織投入照顧服務。後來願意合作發展，使得服務更有效能，以致後來越來越多樣，涵蓋對象廣泛。這告訴後進，願意合作，開放接納，是能夠成全更大工作的方法。

2. **全人關懷**：展出物有許多以前照顧貧病者和後來逐漸專業的醫療照顧。展示針筒、消毒設施、手術燈具，一旁還有幫人縫衣的針線包，顯示對人照顧看重全面完整的需要。因為這樣才真的解決人的問題，而非只是做照顧者想做或被指定的工作而已。

③ **創意服務**：牆壁上規劃圖顯示早年到現在，不同時期各種供身心障表達的溝通圖示設計。大皮箱內有多種生動布偶，是為給孤兒說故事而自製。一百多年前的純皮輪椅非常堅固，而且已經有腳踏墊，甚至有兩個避震緩衝彈簧。這些顯示遇見需要不輕易說沒辦法，而是保有憐憫和無條件的愛，盡力找辦法。

④ **簡樸敬虔**：博物館有一間複製以前執事的臥室客廳，生活必要的床、書架、盥洗設施、餐具都有。南丁格爾時代藍白色帶有十字架的工作服，和早期使用的病歷紀錄文件。典雅不奢華，乾乾淨淨。一旁有電腦螢幕，重複播放口述歷史，由服務者和被照顧者分享看法。

隨時代演進，現在基督教會如早年 Diaoniewerk 一般全職奉獻的女性不多了。在奧地利只剩四位，都八十歲以上。但這種工作價值傳承下來，當地有身心障經營的咖啡廳，有鼓勵對海外貧童同理的喝湯餐廳，還有各種資源回收重製募款的生活用品義賣，這些仍然彰顯上述幾種精神。

由於時代變革講求宗教自由，如今包括奧國在內，相似發展根源的照顧服務相關學校都放寬招生對象，氛圍也不那麼強調信仰，而更重視現代化專業照顧。但弔詭在，信仰是根，若拔了根，要深化照顧品質有一定限度。這個博物館幫助大家省思，如今看重人的照顧文化怎麼來的。

博物館簡介說明，態度與價值是展示的目的。經常有照顧服務科系學生來此講習，解說者總以「我們是誰、我們做什麼、我們在哪些地方做、你能做什麼」，幫助後進從歷史得到鼓勵，不忘初衷。器材在變，硬體在變，但本質不要走樣。或許，這四種特色用來想現代教會的醫療和社會服務，以及當前臺灣教會發展方式，也可激勵我們，帶來省思。

1/8 利他推手——奧地利宗教文化

每到新年，臺灣地區有媒體轉播奧地利維也納新年音樂會。臺灣民眾除了聽聞電影《真善美》（倒是不少奧國民眾沒聽過這好萊塢電影），對奧地利的認識很多來自奧國公視

（ORF）轉播的音樂會。

所以奧國有什麼？有圓舞曲、莫札特、巧克力、美麗風景。其實不只這些，還有一項很可貴很重要的，就是基督教文化資產。

這裡所謂基督教文化資產，不是說教會裡的雕像和風琴，而是一種顧念人的價值觀形成的利他生活風格，ORF 正是大推手。

話說奧國多半信仰天主教與基督教，每到聖誕節，就像許多歐洲國家一樣，有熱鬧氣氛，美麗裝飾。但其中很有特色的是，

▼奧國公視攝影棚，各社會服務團體齊聚說明服務現況，鼓勵大眾參與勸募活動。

從十二月到一月，是一年當中主要的募款期。

說到募款，臺灣不是也有「寒冬送暖」？明明溫室效應不冷了，還是一樣名稱。除了廣播電台賣虱目魚精，逐漸形成風氣，資助唐氏症民眾。早期介紹過唐氏症，晚近可能因以前介紹很多了，所以直接訴諸募款。

另外，臺灣也有常態的聯合勸募和其他已有歷史的慈善機關，以有限的行銷資源，找名人代言，鼓勵大家捐助。但善款流向與善款用多少於所訴諸的計畫，也曾引起疑慮。

除這些活動外，筆者曾在高雄市菜市場看過，一位獨居老太太，身後窄窄的居所堆了十幾床棉被。原來，地方富有的婦女團體每年要送暖行動，所以總來這裡拍照。在我看來，老太太最需要的，恐怕不是多一床棉被，而是陪伴。一再找老太太定時拉布條拍照，頗有消費對方榮耀自己之嫌。

住在臺灣的筆者，印象最深的全民運動募款是與美國斷交和總統過世，要捐錢買武器獻機報國還有大地震之類，其他就比較少了。

奧地利的勸募有何不同？這是由 ORF 做為全國主要媒體也是公共媒體，在一九七三年發起，已形成全民運動。整個活動從年年選一位「奧國之子」帶蠟燭燈箱搭機到伯利恆主誕堂分火，點亮後搭機回奧地利，然後各界拿燈箱來分火。

包含歐洲各國的童子軍代表聚集在教堂，由各宗派主教聯合舉行點燃希望之光的禮拜，再由這些童子軍帶回各國。這過程 ORF 全程轉播。

另外，還有周邊各國消防隊、救難隊直接到 ORF 攝影棚，擠得滿滿的，錄製點光節目。內有弦樂與豎琴組成的樂團，各團體輪流致詞點火。筆者在棚內與主持人聊天，問他這種活動這樣久，是否流於形式？

▼ 奧國聖誕市集的精神不在各自賺錢，而是提供助人組織募款。店面裝飾重視品味。

他說聖誕節之所以熱鬧，是慶祝耶穌降生。點燭火傳遞的活動，是因為按著《聖經》的意思耶穌來給人希望。光，表示黑暗中的希望。年年辦，一方面回應社會年年有不同的需要，也是年年提醒大家，生活有希望，希望來自神，而且莫忘分享希望，以具體行動募款幫助人，所以並不流於形式。

所謂具體募款行動，是全國有七大社會企業提出各種明確的資助計畫，例如身心障動物療癒計畫、特殊教育資源教室。由

▼ 聖誕市集支持冬天農民生計，也發展季節性地方飲品，很重視品質與製造技術。

ORF製作節目，介紹這些需求，讓大眾理解，也製作故事回顧過去一年計畫執行情形。

包含上述燭火燈箱分到各國各縣市，來引火的單位與個人可以捐款。同時，ORF頻道製作運動節目，運動明星與相關產業業者投入募款捐款。廣播節目進行募款點播，連續一百二十小時。錄音間由貨櫃製成，移動到市區廣場。總統都來點播捐款，民眾也來捐。小學生、國中生則收集可折換現金的環保廢棄物如電池等，將所得由老師帶來捐，並上節目說明過程表達意見。

此外，全奧地利各城市都有持續近一個月的市集，包含ORF在內的許多團體都在市集擺攤義賣，老人團體也出來擺攤賣手工藝品，許多貼有明確的支援募款計畫。

這些活動會持續到一月中，然後由專責善款經營單位在三月底開始的會計年度逐一撥款，也預留一些幫助急難。經營善款單位本身就叫做「點亮希望」，明定只能用低於十分之一於行政人事。

多年來，由於財務透明和各計畫明確又落實執行，這個年尾到年初的全民運動得到信任而持續迄今。許多中年國民從小就經歷這點光傳愛活動，成為全民成長共同記憶。

當臺灣聖誕節幾乎被大量商業活動填滿而失去聖誕節本意的時候，奧國年尾年初募款

▲ 聖誕市集重視環保材質利用，考量民眾生活實用性和生活質感，看到顧念與創造。

活動更顯現維持聖誕節本意。雖然也有臺灣教會界朋友說歐洲在世俗化，但真相是仍有如奧地利這樣的社會，維繫基督教文化傳統為社會價值核心。

這給我們很多鼓勵，也同樣告訴我們，年年紀念聖誕節是一種提醒，提醒生命可以有希望，希望來自上帝，有這希望讓人能有喜樂，並將喜樂與希望讓更多人瞭解並有感，常求他人的益處，而不是自己的益處。讓大家更守分而有所為，形成社會穩定之源正向發展。

1/9 當公視倡議全民互助——奧地利

歐洲很多國家的電視事業起於公共電視。公視被認為是除選舉之外，民主發展的重要推手。重視民主和文化的奧地利有公視（ORF），臺灣民眾若有印象，可能多半來自每年新年維也納音樂會轉播。這固然是奧國舉世聞名的強項——音樂資產，藉由電視傳向該國全境也散布世界各地。

其實，奧國公視對奧國的貢獻不只於出神入化的電視音樂節目，每年聖誕節前後的燭光傳遞計畫，更將國民彼此

▼ 歐洲助人組織齊聚奧國，ORF 每年選大使（照片最左）到耶路撒冷引火，分給大家。

▲ 筆者接受奧國公視新聞採訪對燭光傳愛看法（筆者 1995 年在 ORF 見習兒童新聞）。

顧念的社會教育，化為嘉年華般國際活動，從奧國公視最初有人提議而試辦，到二〇一八年已經四十五年，越辦越輝煌。如今成為許多奧國人的共同成長經驗，要說是年年一次全民運動也不為過。

這個活動帶有基督教文化背景。按《聖經》所說，耶穌降生是要將人帶離罪惡走入新生，所以用降生地伯利恆野地裡的星光表達黑暗中的希望。奧國公視企劃了四處分享燭光的活動。以此為亮點，帶動十二月長達一個月的全國社會企業募款活動。

奧國選一位小朋友搭機到伯利恆主誕堂蠟燭台由神父分享燭光之火，然後搭機回奧國，再透過聚集在大教堂的各國童軍團體活動，和電視攝影棚內包含各地消防隊、救難隊等，大家都拎著有玻璃框的各種燈籠，將火源帶回各自家鄉，再分享給其他團體與個人。奧國公視轉播這所有過程。當火源散布得越廣，喜歡分享的人可以自己帶燈籠來分享，分享時可以樂捐金錢，奧國公視會轉為社會企業各種計畫使用。

奧國公視燭光分享計畫的整體行銷，除了上述轉播從伯利恆帶回燭光和各燭光分享之外，還有許多搭配的募捐活動。例如運動節目部門會企劃邀請運動明星和運動廠商

▼ 奧國公視勸募節目邀請軍隊協助接聽電話，企業分享捐獻與受惠者得幫助故事。

上節目。有的球賽門票變成募捐，也有觀眾與運動明星會面的募捐活動。這樣，大家有更多互動理解，對觀眾、運動員、廠商都好。

除了運動節目，新聞部和人道援助部提供資源，在每天新聞節目也會報導各地募捐活動。另有許多特別節目，棚內現場有觀眾，還有軍隊來坐一排協助接聽募款電話，節目一方面介紹捐款大戶，二方面也播放事前錄製好的節目，介紹過去這一年捐款者的款項如何幫助社會企業，受惠者的生活如何。觀眾可以更理解誰幫助誰，誰得到幫助。

從這些過程也更認識官方制度難以完全涵蓋的各種社會弱勢者需要，如何透過這項大型活動改善。就如同點亮燭光，捐款帶來希望。到了十二月二十四日，更有一個頻道連續二十四小時的節目進行募款。

除電視，公視廣播電台還會移師到都市廣場設立大型透明錄音間，舉辦連續一百二十小時的廣播點歌活動。為了這個節目，公視擺放好幾個貨櫃屋在轉播現場旁邊。裡面有客廳、洗澡間、廁所、化妝間、臥室等，裡面也是燈光裝潢美輪美奐。雖然是廣播節目，但在數位社群媒體時代，這個廣播節目錄音間架設九部攝影機，隨時切換，讓各地觀眾可以欣賞。欣賞就是提升參與。

筆者在現場學習時，正好奧國總統夫婦也來透明的錄音間點歌。點歌、捐款，過程和大家一樣，也表達自己希望聽哪首歌和為什麼。總統在，沒有拒馬沒有大批隨扈，總統就在筆者身旁十公尺來來去去。四周維持秩序的警察很多在聊天，一點無如臨大敵的感覺。

筆者的另一邊是擠滿的小學生，他們收集廢棄手機去換錢，然後把錢拿來募捐。還有其他年輕人、中

▼ 奧國聖誕節捐獻是全民社會教育。圖為奧國公視配合的臨時廣播棚，總統在現場。

年人，紛紛到公視設立的捐款台拿信封放錢。廣場陸續有軍隊和各種音樂團體來表演，也來捐款。錄音間一旁有個小舞台，廣播記者接力問各地來此的捐款團體，這也是小朋友學習媒體識讀的自然機會。筆者看到記者在錄影前耐心的教導等一下要現場訪問的受訪小朋友，他們可以自由的表達意見，但是也要注意如何使用麥克風，和如何尊重媒體觀眾、聽眾。

除了電視與廣播頻道，奧國公視搭配德語系國家從中世紀以來就興盛的聖誕市集，在全國各地的市集擺攤位，賣記者們自己做的薑餅，還有冷天喝的飲料。攤位貨櫃屋外牆都明確貼著告示，說明本攤位銷售募捐是為了哪一個社會企業的計畫，例如身障兒的動物體驗，或者早療無障礙教室，兒童醫院的醫療小丑等等。

這種市集最早就是為了同情農民在冬天還要挨家挨戶賣農產而設立，希望集中行銷。如今成了食物和藝術品的市集，光是維也納市就有十六處。奧國公視記者和名人會在固定時間到現場，以服侍的心投入買賣。不是拿知名度叫賣做個樣子，是真的當工作人員一起搬東西、製作飲料、幫忙收錢找錢，並與民眾聊天。

一般在臺灣，觀眾可能看到機場有些年輕粉絲等候影星簽名狂叫，似乎是年輕人的事。但筆者在好幾個奧國公視的攤位外，看到中老年粉絲，他們也頻頻對著知名記者和媒體人員照相和要求簽名，好不熱鬧。據工作人員告訴筆者，因為許多民眾平時是透過廣播和螢幕看到這些媒體人員，因市集看到本人也很新鮮有趣。

如今在奧國，這個公視發起的年度募款活動，為了具公信力，從最早由公視負責收款分配用款，改為另外獨立設立一個就稱為「點亮希望」的機構來經營善款，並確立經營機構只能用低於百分之十的善款來用做營運。這樣，可以避免利用地震募款卻拿去添購攝影機之類的嫌疑，或者把善款用掉更多在募款單位人事與器材而不是主要用於扶助的爭議。

事實上「點亮希望」並不是只有聖誕節前後才開張運作，它一年到頭二十四小時都在運作，隨時因應奧國境內緊急救助和中期扶助資助計畫。會計年度期間是從每年四月初到隔年三月底。善款一年歸一年用。由此可知，聖誕節前後一個月的大型電視募款，正好在會計年度中間，這如同一個中繼能源，幫助各界。目前全奧地利有七大社會企業社會福利團體是主要提出募款計畫接受善款者，另有零星較小單位或家庭個人透過社工等申請幫助。

「點亮希望」目前只有七位工作者，主責者依娃二十年前是奧國公視記者，當年曾做過相關報導。後來覺得老是做報導，是觀察者，她更希望直接與需要幫助的團體面對面，這樣更有成就感和真實感。於是離職轉而改行從事起募款經營。筆者有位新聞界前輩說，在美國紐約有位長期跑社會底層的記者因為太投入而同情弱勢，乾脆改行當社工，之後才發現一旦投入忙碌起來限於疲憊，好像深海不再見到以前的世界，完全不是當記者時候的感受。新聞前輩以此故事勸勉記者，用報導關懷是一回事，因而打算投入直接服務恐要三思自己適合否，以及那會是怎樣的生活情境。然而，奧國故事又顯現，媒體工作者也未必不能稱職，或許可看如何連結媒體和以團隊合作來服務。

▲ 聖誕節，奧國郵局重視信件禮物效率，郵件蓋章務必完整清晰，這是專業質感。

已經四十五年的奧國公視「點亮希望」活動，藉由公共媒體成為全民運動。善款能因有充分公信力的經營機制，變得越來越多人願意捐助，從彼此顧念的社會教育而言，充分發揮公共媒體的意義與價值，也少有違反媒體倫理爭議。如今媒體已經進入多頻道時代，電視，公共電視，表面看越來越形同在媒體茫茫大海，成為數億選擇之一。但ORF年年越旺的「點亮希望」似乎對各國公視也是「點亮希望」的參考。

1/10 重視照顧科技倫理

上

不久前，荷蘭失智照顧專家來臺講習，會議快結束時，展示了陪伴失智者的機器人，外表很像花瓶，根據使用者個別條件與需求設定軟體內容，可以問安、提醒吃藥、放個人喜歡的音樂等等。看來很炫，立刻吸引目光。

這種發展速度幾乎已經像人類發展戰鬥機一樣，到了一個地步，速度和轉彎功能以及多功能電腦，只看飛行員承受不承受得了G力。現在失智機器人的容量和計算也是一再進步，只看使用者到底想要什麼？要多少有多少。

問題在失智者想要什麼？誰在觀察判斷這個問題的答案？誰決定用什麼科技，想達到什麼目的？達到了沒有？

在研討會，荷蘭人問在場專家先進有什麼想討論的問題，或許與會者很多，但我們東方人不好意思發言。結果，不意外的，在一陣寂靜後有人舉手了，問：「啊你們這個多少錢」？

提這個問題不意外，這是我們遇見國外人士最常提的問題之一。有時還蠻讓等著討論的外國人失望的。因為我們在意成本，這也沒錯。但長照科技一再對話交流，「啊你們這個多少錢」？真的是發展進步，帶給失智者與照顧者生活品質最優先的問題嗎？

還有的時候，在臺灣的專業討論會，主管官員應邀總結，常說：「國情不同，我們得考量在地文化」云云，然後拍手散會。國情不同，也沒錯。可是不同在哪裡？如何在研發過程真的嚴謹有根據的考量國情不同？而不是在花很多錢採購剪綵，一起聚集在一個圓球按燈後，才逐漸發現國情不同。

其實，成品是個結果，是別人經過必要的研發過程產出的結果。這在科技界很普通自然。而且如果是某些競爭激烈的產業，能幫老闆想到他想不到的，才是存在價值。

然而長照比起飛機、汽車、冰箱、果汁機等，更重視人的感受和習慣。尤其要給失智者用的輔助科技，涵蓋文化、個人處境、照顧者等因素。

▲ 芬蘭九旬長者使用四輪助行車。支持自主無傷害、務實輔具，需要更多同理心。

看看臺灣長照機構已經買了多少科技設備，如何使用？幾年後擺在哪裡？就不難理解，儘管多數人不是故意要浪費，卻造成不少浪費。

更值得關切的，還不只財務，而是科技到底帶給患者什麼影響？對失智者來說，往往不只有沒有加分，也可能因不當裝置而使用減分！

荷蘭烏特列支市有個很大的長照管理顧問公司（Vilans），衛福部支持六成預算，其他從接案研發和網路平台教材使用而來。除了

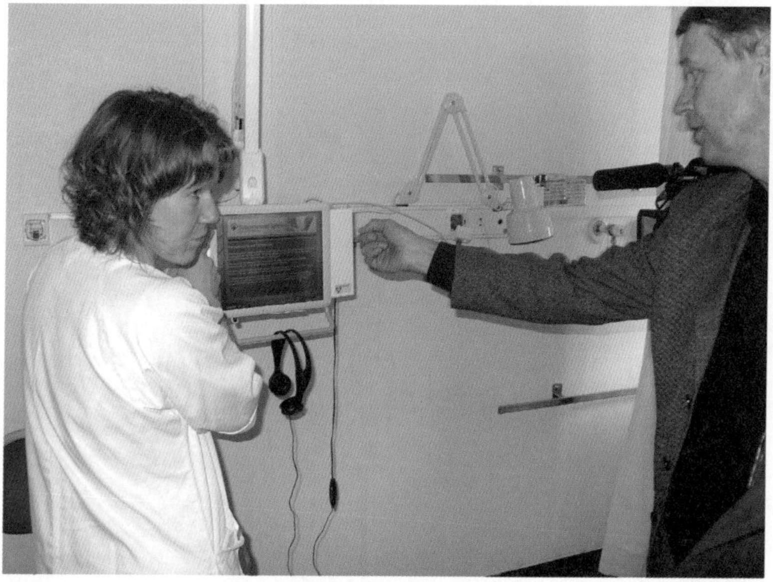

▲ 挪威醫院看到患者孤寂，發展病床多合一視訊器材，可拉到需要位置且不吵人。

製作失智等照顧教學教材，也專門研發長照科技。系統性收集客戶經驗，每年都有很多專家與博班學生投入研發，配合失智在地老化、在家最久化、能真的享有自主的社區生活，再研發輔具。

本文一開始提到的如花瓶的機器人就是出自於此研發單位。另外，還有讓失智者攜帶在社區散步用的手機，每個點選符號、形狀、顏色與大小，以及操作程序，都經過失智者測試。看如何幫助人，卻不會使人更慌張無助。此單位與許多照顧機構非常緊密的聯繫，推演各種服務設計。有點像香港人拍武打功夫片，不賺錢的比較少，因為一開始就瞭解市場。

為什麼荷蘭與一些歐洲國家發展出來的失智輔助科技，只要一展示，往往給人溫馨人性個別化的感受？不會在買來，銷售者與採購者慶祝成交離開後，成為失智者住處「熟悉的陌生朋友」。

因為研發下功夫！如何下功夫？靠有效溝通、能合作，以及不斷發展新的對話方法。這樣使研發不忘人味，不忘誰是主體。到底要滿足誰？而且有無可能帶來非本意的負面效果？

曾有一段時間，我們發展輔助科技，常搜尋別國已有的，然後打算調整成自己的產品。所謂調整，就是把人家研發的產品或服務的每個環節分析一下，看哪裡可以更省材料、更省錢。

省錢是好事，但是處處省導致風險呢？一直要活在「沒碰到就沒事」的態度嗎？每位長者是兩千萬人分之一，對家人是兩千萬的唯一！從支撐力改變的硬體，到電容量不足的接線與器材，乃至工作時，來往平視，看不到頂上天花板火災隔煙設備其實設計不實在，我們已經聽過多少次錯愕的說「怎麼會這樣」（那欸啊捏）？我們已付多少代價？

碰到失智的輔助科技研發和使用設計，又是另一回事。可能不至於一下子燒掉一棟房子。但是每天有多少人在多少角落，因為輔助科技的影響，改善或惡化生活品質！包含安全感、生活自主性，還有隱私、生活樂趣、活下去的意義。

一句「使用者導向」，或「從失智者眼光看世界」，在演講或教學或招商一張張投影片，常是繼人口趨勢那張之後，會介紹這觀念，然後帶過。但真的進入研發和供應給失智者時，還有多少銘記在心為準則或掌握本質呢？

目前臺灣已經逐步引進各種研發服務設計方法，所以不時在比較積極探索的工作坊，看到一夥人在牆壁或長桌貼許多張彩色便利貼，學習動腦推演更合適的環境設計與服務流程。

不過，研發技術性流程前，還有一些價值觀、倫理思維，若能內化，再來用研發工具，可以更嚴謹人性。常常這樣操練，就會更感覺到我們的長照科技如何更人味實用，而且容易整合於不同使用環境。而不是亮出來一下，遇見另一種情境就有許多阻礙，最終又是閒置，再去開另一扇門找新的亮點。

和一般歐洲教育流程相比，

▼ 身障用車協助生活自主，但怎麼設計才能於在地處境好用實用，需要細密設計。

我們在進步，但是與長照相關科系的教學，還是比較求快，重視技術，也不太相信第一線基層人員的研發潛力。甚至對科技缺乏自信，認為那些是電腦專家、醫學專家、材料專家……才能介入的場域。事實不然，端看我們對人的敏感度，以及我們自問投入的動機為何？所以，荷蘭大學護理系早有「護理與科技」課程，年年傳承培養前一屆改善的移動式居家照顧服務器材包，讓學生覺得從客戶角度看生活品質，去努力整合不同專業是為了改善問題，很自然的工作方式。不會一直去想「我讀的是護理專業，我不懂或我無法懂資訊科技，我不是學裝潢的，那不是我的事情……」。因為很多問題改善方式不是只有科技專業就能思考面面俱到。

過去在臺灣醫學中心新的加護病房，電插座完全不合照顧使用；東部照顧住宅的電插頭動線之下就是火爐；客廳到二樓全新昂貴的升降電梯卡住，讓老人懸在空中；牆壁走道扶手釘好，不多久一扶，結果把手連釘子一起從牆上掉落，因為牆壁材質不夠堅硬。這些離譜的事都發生過。

現在許多科技使用壽命短，價錢卻不便宜，更需要慎重考量適用否。一再顯示服務設計漏洞和施作態度可帶來困擾與危機。

下

有一本書回應了上述許多問題，很明顯的，可以提供研發者和第一線專業照顧者與家庭照顧者更系統的推演素養，來幫助困苦於失智的人。這是挪威失智研究中心（The Norwegian Centre for Dementia Research）出版的《科技、倫理與失智》（*Technology, Ethics and Dementia, A guide on how to apply technology in dementia care*）。

這本書第二章將如何引用科技分為九個步驟，每個步驟各有決策程序和必要的背景知識，來避免執行粗糙。盡可能達到適用個別需要，經濟、空間、照顧者都能長期配合的結果。

例如第一步「描述失智者生活環境」。包含問「這是為了瞭解問題和需求，以及參考判斷未來的遭遇。細節包括是獨居嗎？有社會網路嗎？目前得到什麼服務？誰是主要幫助者？打算搬家嗎？現有居住環境需要改變嗎」？

以第一步來看，就知道這種決策，和一開始就想著「我們有一棟空房子該用來做什麼」？「我們有一種科技怎樣可以讓失智的人買來用」？想好了怎麼花錢，再把失智者需求用別的文獻複製貼上，是多麼不同？到底是為房子和器材找出路，還是為人的幸福找出路？

九步驟決策的開始就提「處境」，是因為若是獨居，有更多風險，這是挪威年年找第一線實務工作者研討來的實證資料。所以才會繼續問失智者的人際網路，有助評估白天和晚上的處境差別，這也是機構和在家老化的不同處境。在家比較熟悉，去機構可能有更多陌生而來的挫折與憂鬱。而許多家庭之所以將失智者送入機構，正是因為難以承擔在家密集相處的壓力。

第二步「分析需求」。特別重視到底有哪些能給失智者帶來生活樂趣的事物，要能系統化的描述出來，這和只是專從問題導向設計的評估問卷不同。問題發現和改善，往往只是降低困擾，卻沒涵蓋如何支持失智者走向有品質的生活。甚至需求評估也要正向思考，例如「增加人際接觸」和「減少孤獨不同」。一開始用什麼思維往前走，一路影響後續思維方式與價值觀。

之後第三步「確定什麼是優先要解決的問題」。這時要注意是偶發還是常態，也可能牽涉倫理問題，例如，對失智者是困擾的事，對照顧者呢？或者照顧者看失智者有問題，但這真是「問題」嗎？界定才有要解決。書中舉例：「一個人看電視不瞭解電視內容」，這對誰是「問題」呢？需要當成問題嗎？

接著第四步開始思考「哪種科技輔助可能是正確的，或者有哪些替代選項」？而不是一定要採購或非要售出一種科技。因為這牽涉失智者家庭空間、個人習性、使用風險、科技費用、維護代價等。最重要的是，到底有沒有改善失智者的生活品質？改善多少？

第五步進一步討論「選定幾種科技選項後，從更深的倫理兩難角度來評估」。例如有效鎖門可能連帶導致失智者變得更沉寂退化，或者要讓照顧者半夜守在床邊以防意外，還是要用更多束縛和限制來降低意外風險？這些科技能增加失智者安全感和幸福感嗎？將可能遊走的人貼手環是否造成標籤化？並非所有科技有明顯倫理問題，但專業思考程序有「內建」倫理，往往可更周延考量使用後果。

第六步「評估和推薦最終使用哪一種科技」。有促進失智者生活自主性？有無符合社會公義嘉惠失智者？到底誰受惠？這種科技真的比別的選項更合適嗎？有無牴觸各國法律？

第七步「選擇整體的改善方案然後做決定」。找出誰是後來負責服務設計管理的人。大家學習充分讓失智者理解新的器材與服務，降低困擾。因為裝的人走了，失智者天天面對這些器材的聲音、形狀和各種後果。要尊重也要分辨使用者的意見，因為失智者與照顧者同意或不同意使用，失智者同意，可能是親人要而不是他要。說不同意，可能因對危險缺乏意識。

第八步「置入選擇的整套科技與服務」。包括確定誰監督裝設、誰去教導使用者？解說者如何介紹、如何確認教會了、不會弄錯？還有誰來負責維護？這些都要用文書記錄。

第九步「評估使用效果」。由於是為失智者，一方面不要把他當成都不能表達意見，另一方面，特別重視從日常生活來觀察有無改善問題？有無滿足需要？有無達到總體服務設計的目標？不要在評估互動時增加失智者的挫折，避免無意中一直考驗對方記憶力。「請留意，不是來評估他的頭腦多清楚」。要盡量客觀，因為評估不是銷售員的角色，只是想售出產品。

這本書一再強調，如果這些流程中的問題無法回答或狀況不明，就不宜妄下判斷和購置科技或安裝。走過本書梗概，再回頭省思我們研發和推銷科技給失智機構時，和主管、照顧者、家庭照顧者以及當事人的對話互動與溝通方式，不難發現，若一步步照規矩來，後來發生困境的機會降低很多。跳躍急就章，後來可能創造更多困擾，或排擠了預算，難以用在所謂刀口。

科技用於失智照顧，近年已從維持安全和降低照顧者負擔，走向支持和增加失智者的生活尊嚴、樂趣與意義，也能幫助照顧者如此。常聽聞我們從業人員在聆聽他國專業發展時，不自覺的說，「那有什麼了不起，我們也有。只是……」。其實「只是……」就可能導致差很多的品質、風險和虛擲費用。

格局與價值觀足以左右科技發展和應用，願我們許多人都能朗朗上口芬蘭名言「科技始於人性」。但願實際投入服務設計時，還能想到人性主導科技，讓現在和未來的失智者，比早年的失智者，因失智走入另一世界，因我們善用科技而在另一世界繼續享有身為人的價值。

1-11 老人互助制度的基礎條件——瑞士

由於人口老化，各國都面臨照顧支出不斷增加的挑戰。緩和之道在於延緩失能，並開發更多互助服務，尤其是老人幫助老人。瑞士於過去幾年積極實驗時間交換服務，也就是臺灣想積極推動的時間銀行。表面看就是用幫助人累積小時數，如同為自己買保險。

瑞士風景優美，但是人需要的不只風景，而是與人互動。孤單是嚴重社會問題。

但這個機制在臺灣充滿疑慮，來自互信、來自兌現、來自服務項目計較等。這些問題如果不能釐清，並且找到在地可行之道，則企圖以這種方式因應高齡社會，恐怕仍將淪為一時政績亮點。從瑞士推廣到十二城市得到民眾支持的經驗來看，一開始時，推動者的理念思辨釐清，和對在地社會趨勢理解與掌握，都非常關鍵。

首先是摸索安全感。瑞士民間版時間銀行的創始人之一就曾說，銀行和金融對瑞士人再熟悉不過。但她卻覺察，很多人習慣把安全感寄託在金錢。等到有些錢，還是沒有足夠安全感，還想要不斷找更多錢。尤其想到老時需要，就更被這種觀念綁住，把更多

▲ 瑞士長者在公車看到筆者需要找路，拿起手機就幫忙。新一代長者助人能力更強。

精神花在找更多錢。然而，真正能給人安全感的，是當你發現，活在一個地方，即使沒有錢，也有人願意幫助你。

其次是保持人性化。一如許多長照體制與服務成熟的國家，加上瑞士相對富裕，許多人可以用錢買到居家服務等，但是這種關係還是建立在金錢。專業照顧者雖然號稱要好好照顧，但實際上難免還是看錢辦事。而且許多生活需要超越純醫療照顧，這些需求要是都靠錢買，真是買不完，得到的氛圍仍然是以錢交換。所以，能夠推動不把品質寄託於錢，而是出自伸手互助的動機，其使用氛圍將更有人和人互動的溫馨，這正是老年非常需要的。

第三是傳承愛鄰舍。由於都市化造成居住同一棟樓的交流不若傳統社會，社群媒體雖然增加交流，但關掉手機，如果還是寂寞，仍須親身互動來支持。另一方面，越來越多人從事半職或不斷換職的工作，難以如固定工作容易累積年金。這意味著未來將有更多人無法有足夠資本預備老年，使老年處境兩極化。人際和經濟雙重變化的安身之道，在於有更多超越冷漠的互信互助機制。時間交換服務的動機，不應一直去強調保證未來得到服務，因為誰也不能保證。但是如果營運將倡議廣傳，給年輕人做好榜樣，則可貴的是可以期待未來國民保有願意互助的心，在可操作的方式，從民間基層而起，走出不全倚賴政府的互助機制。

第四是帶動高效能。從三百年前開始，社會福利從教會移轉到政府接手。這就形成大家繳稅共同承擔的照顧機制。然而隨社會演變，更好的公共服務就要籌更多稅，個人可支配所得減少影響自主幸福感，機制還要反制濫用制度者，於是制度越來越複雜，凡事搭上政府，可能過於僵硬，又要耗費可觀行政支出與官僚程序調動資源。對醫療以外的日常生活小型互助推廣而言，形成障礙。因此，如

▲ 除了家屬，有其他人願意陪伴，使許多人可以不只孤單在家，拓展美好生活經驗。

果由各地方人士集合有識之士，從過去已經建立的互信團體，或創造小規模高頻率互動的新會員組織，以密集交流網路，提升互助資源使用效能，則更有可能就近達到資源輸送效果。

第五是翻轉志工觀。以往社會推動志工時，多半係鼓勵人付出，形成單向給與受，有時難免有地位之別，或導致被幫助者的弱勢刻板印象。目前助人典範正轉往互助。也就是就人觀而言，不再限於給予者和接受者兩種角色，而是看到每個人的潛能與尚存資源，鼓勵接受幫助者，也能成為幫助給予者，在不同的服務內容互補

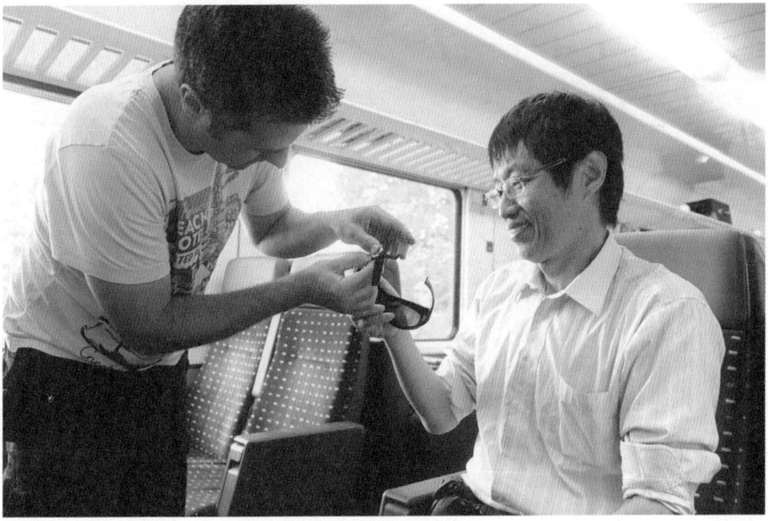

▲ 對別人的痛苦有感並願協助。瑞士遊客看筆者眼鏡壞掉，主動耐心修理。

互助。由於教育普及和餘命增長，社區許多人擁有豐富生活閱歷，已被視為一種所謂「社區智慧」或社區資源。能夠開發善用，不但節約公帑，更能增加公民參與，帶來公民社會新貌。人人參與，各增尊嚴。

任何改善社會問題的新策略，如果發動前的觀察反思論述越嚴謹細緻，則一旦推動遇到困難就更容易掌握本質來因應，也更可能與時俱進，隨不同處遇更快轉換出可行面貌。這和一時興起趕時髦嘗鮮找亮點，或狀況無法掌握而滾動修正到大家一起滾得苦不堪言，甚至影響地方組織對雇用者的承諾，是很不同的！

▲ 琉森退休物理治療師主導時間銀行，用熱情連結資源，引導被幫助者去幫助別人。

1/12 訪歐遇疫情受惠信

二〇二〇年三月初疫情還未加速發展時筆者到北歐學習。在挪威北極圈以北四百公里，等到快要離開時疫情加速。本來要上課的老師有糖尿病，學校顧念其風險而要她停止來校。處於異地就看著四周朋友口語相傳有些地方可能要封閉。接著老師上課休息，另一位老師從外面跑進來投影螢幕上上網打資料給大家看，就剛才，教室隔街的幼稚園封閉……然後晚間打開電視，當地新聞也開始不斷報導疫情。

再接著是接待的家庭夫婦說明天要在

▲ 在北極圈搭上回南部飛機，該機場暴風雪關場。能搭這班，也靠人協助載去機場。

家裡，全國不可以相互跑。然後，電視開始播放特別節目，總理說明特別時期新對策。看電視同時，手機臉書有朋友傳來新資料說丹麥關閉國境。再接著，網路寫著機場可能關閉，雖還沒關，網路已經看到登機看板一大排班機取消、取消、取消。

要是在這種氛圍，你會怎樣？在一個消費是臺灣五倍以上的國家萬一鎖國呢？萬一能離開，飛到另一國鎖國呢？萬一接駁飛機不飛呢？萬一萬一，很多萬一盤旋腦中。坐在身邊的護理老師夫婦很友

▲ 看到挪威公視不斷播出機場強化安檢又不斷宣布新的疫情停飛資訊，實在緊張。

善，可是問他們很多問題，他們回答都是不知道。這種我們平時不喜歡聽到的回答，尤其在這種時候，多聽一次好像一千次。能不緊張？拿得出什麼理由能老神在在？感染風險是一回事，重點是行動受阻。還沒感染，銀子可就不知道要流失多少，而且無止境。還有慢性病的藥萬一用完怎麼辦？一大堆怎麼辦？這時怎麼忽然能想這麼多事情來給自己憂愁？

筆者在北極圈以北時，先聽說疫情蔓延到當地，後來又聽說起飛那天當地有季節性暴風雪，風雪一來所有汽車會完全看不到路，飛機可能停飛。許多一起上課而家較遠需要開車的同學提早離開。還好，後來航班傳來簡訊可以報到，第二天起飛後當地就關閉了。飛機不飛，學校也停止上課。

飛來南部，住在朋友家，獨自在二樓臥房翻翻網路，一下子嚇得往樓下衝。因為有一種不知道怎麼辦的焦慮，而且越來越焦慮。筆者知道自己以前有這種軟弱，但似乎停不下來。再停不下來，一直不斷放大，可能會演變成更嚴重的身心疾病。

這時，朋友還有興致帶筆者出去走走，想介紹名勝古蹟。人家好意，豈知無心看風景，因為那種無法放心的感受盤旋。這時經過路旁兩側有許多大岩石，想到我們生命需要堅固如磐石的信仰帶給我們平安。當下還記得校園詩歌第一集 128 首〈我不致動搖〉所說，「因下錨在萬古磐石，我不致動搖」。我們是基督徒，我們也有軟弱，因為這是犯罪後的世界。可是我認識神，祂也認識我。我要決定選擇！選擇繼續處於罪惡的世界常有的軟弱靠有限的自己來應對，還是選擇接受享有上帝預備好的平安，超越人的平安？

決定選擇從上帝來的平安。不能自己製造足夠的平安，但是可以選擇接受上帝預備的平安。上帝始終一樣，祂始終預備了祂的「版本」的平安。後來，開始

▲ 照服員班老師瑪莉在危機時接待居住，還帶去峽灣散心，承諾回不了臺灣住她家。

緩和下來。緩和，不代表一切挑戰消失。但情緒造成的傷害降低，減少自己的不安傳染給別人，能更理性的找資源，同時也能看見上帝預備的祝福。

想到此時雖在國外，有良善忠誠的朋友，就算暫時回不去也有安歇處。記得三十幾年前住在臺北真理堂信義學舍時，有次聽楊寧亞牧師分享楊師母容易擔心的時候曾說，有一天楊師母禱告，上帝對她說：「郭英馥妳到底在怕什麼」？此刻的筆者也有點被問類似的問題！主所愛的羊「你到底在怕什麼」？

這是很真實的經歷。不是因為一切改觀，不是因為臺灣要派一架專機來，而是因為回到神預備的平安裡。我們教會高英茂牧師傳來LINE文字分享《聖經》馬可福音

十六章十六節：「信而受洗的必然得救，不信的必被定罪」。

十六章十七節：「信的人必有神蹟隨著他們，就是奉我的名趕鬼，說新方言」。

十六章十八節：「手能拿蛇。若喝了什麼毒物，也必不受害。手按病人，病人就必好了」。並有語音解說，希望筆者專注於神的話。其實這時神的話可貴，聽到牧師的話也很激勵。因為牧師帶著神的屬性與筆者相距萬里而相遇。這和二十年前筆者在東歐馬其頓戰場採訪遇到困難，打電話給臺北楊寧亞牧師討論和禱告，有相似的感受。

後來，朋友很令人感動。晚上八點，先生放下一切，不斷打電話給航空公司和機場，太太則不斷捧著筆電幫我搜尋有無提前離開的班機和各種飛行計畫，直到深夜。

第二天一早九點一到又繼續打電話。每次撥都要等很久語音，他耐心的一直打一直等，快一小時。真敬佩他的耐心。就在這時，收到預定班機傳來的簡訊，告知可以從網路先辦報到明天的班機了。雖然仍可能有變數，但至少來了這個好消息，他

▲ 就要離開挪威，兩位一路接待的夫婦開車去還通行的火車站，在此祝福平安回臺。

們也放心一些。

第三天一早，他們送筆者去機場，因為若無他們開車，住的地方假日沒有火車。筆者以為一下子就到，哪知要開一小時四十分鐘。等到抵達接駁火車的車站，他們道別，還說，萬一去機場沒飛機再通知他們，他們會來接筆者繼續住他們家。

到機場，轉機到哥本哈根，再到維也納（這時機場通關地方有些人被擋，甚至整家人被擋。因為海關知道他們要去的地方已經封起來），再回臺灣。幾乎一起飛離開，當地就宣布停航停班，好像一個海嘯緊追在後。

踏上直飛臺灣的最後一班班機，向那夫婦傳簡訊。又一天清早落地臺灣，覺得重新看待每一刻都是該感謝珍惜，因為我們並不瞭解未來有多少看不見或不知道的變數。從北極圈到南方首都再到轉機他國，客觀的變數，自己的身心，必須學習選擇倚靠上帝。正如同醫師希望人有病識感，人也得瞭解自己的軟弱，是多麼需要倚靠上帝的平安。

就像有首歌〈必有恩惠與慈愛〉，最早是葛理翰佈道大會的主題歌。我們活著不論到哪裡都得理解，不是靠運氣，是靠上帝的恩惠與慈愛。

MEMO

UNIT II

更新老弱刻板印象

2-1 福杯滿溢新老年

九十一歲外科醫師譚維義二〇二〇年失去中風十年、相處六十六年的愛妻。譚醫師長年有發代禱信習慣，熟識者收到消息，從附加檔可看到他散髮獨坐於自宅後院愛妻墓前的照片，不動容也難。在這個不完全的世界，人人都會一死，暮年面對心愛的人離開，挺著老骨頭承擔更是不易。

他獨坐在墓前懷念妻子，在禱告調適時，從悲痛想到為六十六年美好生活感謝上帝。又如妻子還在時一樣，繼續為醫療宣教以及兒孫靈命禱告。設想若太太還活著，有哪些看法和期待可以納入他繼續禱告，以這種方式繼續參與上帝的工作。

譚醫師二〇二〇年九月來到臺灣，繼續宣教工作，對象遍及學者、醫學系後進、小朋友與一般大眾。從他分享早年故事回顧人生沒有偶然，到如何面對喪妻轉化心境，再進一步討論當下社會現象，他用《聖經》結合許多工具和方法，提醒大家思辨什麼是滿意健康的人生，幫助很多人用新眼光看自己，來到上帝面前把勞苦重擔交給上帝，選擇在基督裡重建與神與人的關係，在工作、婚姻、求學，加入上帝團隊看重生命，善用生命。

▲ 譚醫師雖老，仍積極與免疫專家張南驥發展便宜有效方法救被毒蛇咬到的人。

他提醒，我們在這些人生走過的歷程常常知道怎樣是對的，可是心裡總有一個力量在阻止我們。而且有些資源用對地方和時間可以幫助人，用錯地方和時間可能傷害人。例如性，好像火。在廚房煮飯很好，在美國加州森林大火不好。性在婚姻裡很美好，就像他生了五個小孩和很多孫子。要是在婚姻外，帶來很多災難。我們只有聽從上帝往前走，善用資源才能榮神意人。

然而屬世婚姻將有結束，生老病死是難免的課題。他與夫人相處多年，太太多次中風，直到最後階段，他們還在規劃要一起回臺灣，但數據顯示不太可能了。這時候進入緩和醫療，譚維義看到妻子落淚，之後轉為歡笑，因為想到上帝給的就感恩，想到未來還有平安。他們夫婦曾約定只要一人完全失去溝通意識，可能就是分開的時候，不要勉強活著。所以最後階段彼此可以理解。

這次譚維義來臺是第一次夫妻沒有同行，而且聽力退化，由兒子幫助他。他仍在積極學習，例如使用網路與各地人士開會。在馬偕醫學院與教授們討論怎樣用電擊器材與原理可以更快的幫助被毒蛇咬傷的人阻斷毒液散布。

看到一個社會從他一九六三年來臺，一直到現在很重視發財。他以外科同業為例，手術賺夠了退休享受人生，把很多時間拿去打高爾夫。到上帝那裡去交差的時候被上帝問，在地上最後幾年做了什麼？向上帝報告，一百桿進步到八十桿。是不是把退休後的力氣和時間用於去一些醫師累壞了的地方幫忙？或傳承手術竅門給年輕醫師可以救更多人？他自己這樣做了，但他謙卑的說，希望大家不要罵他這樣呼籲。

環顧我國，各地需要照顧的老人增加，很多人面臨

▼ 譚醫師在妻子中風後總是耐心陪伴妻子復健，妻子看到譚醫師笑臉是最大動力。

學習老年如何生活。老人照顧不但耗用歷年來最高的經費，而且很多挑戰似乎不是錢可以解決。

例如日間照顧中心長者天天重複說自己以前很可憐、很辛苦。志工想勸長者走出來又勸不動，結果志工也開始苦惱。

得到居家服務長者，年少事業發達，借錢不眨眼。老來事業衰敗向當時鄰居求助小錢，得不到期待回應，想到鄰居就有氣。天天獨坐在家抽菸，說是「人生最後唯一的樂趣」，之後困於無法入睡而連吃十顆安眠藥差點送命。

也是居家服務長者，不滿意子女而長期睡不著，聽從法師建議，半夜拿四支奇異筆捆一起在紙張敲點點發洩，然後拿去燒掉，就這樣準備厚厚一疊紙不知道還要敲多久。若這兩位把這功能與力氣用於幫助別人多好？其實他們需要走出內心的困境，可能是饒恕，還有節制，也需要更多人支持他們。

還有住機構長者，不滿照顧者沒有特別重視他，而立志有生之年要窮盡洪荒之力讓照顧者難過。或有的換了許多照顧者，仍在挑剔服務而不快樂。他們需要福音，走出靈性困境，而不是更多的藥物！

這些故事以現在媒體生態，和一般新聞相比，和政策亮點新聞相比，甚至即或與高齡議題的科技產業相比，很難成為熱門話題，卻是真實生活常見的衝突壓力和風險，非常需要改變。

譚醫師和這些長者有什麼不同？都是老人，經驗過人生，有晚年挑戰。可是譚醫師年輕打下順服神、參與神的工作的生活基礎。繼續用以神為生命主宰、活著要服侍別人的態度走入老年。與神同行，使他不只活在過去，生命能不斷有新意，是一個時時邁向盼望的生命。

生命有方向、有滿意。所以譚醫師有感而發的說，不認識上帝的人不容易瞭解和經驗到詩篇二十三篇所說的福杯滿溢。他推著助行器呼籲更多人做生命的選擇，因為人常常沒有辦法靠自己走出困境。他是醫師，用一生思索健康的意涵，看到生命想改變卻老是有走相反方向的力量，沒有方向又不滿意，唯有轉向上帝才能被上帝帶著走向美善的路。

在丹麥神學院院長尼森（Hans Erik Nissen）所著每日靈修書籍《只需一件事》（*Only One Thing is Needed*）中，引述以賽亞書四十三章十八及十九節：「耶和華如此說，你們不要紀念從前的事，也不要思想古時的事。看哪！我要做一件新事……」。

尼森提醒讀者，停在過去的人可使人陷入絕望、癱瘓人心。上帝的話提醒我們，這樣的生活叫人看不到未來。然而上帝是會創新的上帝，祂可以轉變我們的未來。不論我們多老，上帝可以在我們生命創新，提供我們新的眼光看待一切，使我們生命成長。十字架的救贖對老年人仍管用。

和譚維義相似繼續發光的老基督徒不少，他們繼續迎接上帝使用他們，生命又再次因境遇和神的話而發芽長出果實。如詩篇九十二篇：「他們年老的時候仍要結果子，要滿了汁漿而常發青」。這樣就不只是等著被載去關懷據點吃飯聊是非的老人，或每天說幾十遍「沒辦法」的牢騷俱樂部成員。

因為人口結構轉變，老人越來越多。政府服務項目越開越多，民間推銷保健的廣告更多。可是再多耗費，若走向物質性、技術性照顧發展之路，並不能解決終極心靈問題，沒有辦法創造新眼光來面對人生。弔詭的是，內心的看法與看法促成的生活選擇，卻是人生滿意的關鍵。

除了老化，環境變化也多。病毒改變世界，沒有人知道未來如何。譚維義說他的生活是每天一早向上帝祈求對人說適當的話，等候上帝的心意和新意多幫助別人。所到之處使

▲ 譚醫師在疫情期間仍來臺，繼續協助兒童認識信仰是真正健康生活的支柱。

一群群人得幫助，真是佳美腳蹤。想想看，四百萬老人如果支持有更多轉向這樣的想法來過每一天，我們社會將有怎樣的未來？

2/2

支持弱者發揮潛能重建尊嚴

幾年前在荷蘭觀摩居家服務公司博祖克的服務。這公司在臺灣慢慢有名，有些人聽到可以讓照顧者分享到更多收入而很注意。可是這組織不是只有讓基層照顧者得到很多錢而已，還有很多工作文化嘉惠老人，其中之一就是能用護理專業知識看到失能者還有的能力，進而協調讓能力發揮，成為更多人的祝福。

例如，腿長騎單車在巷弄間服務，讓筆者冷風中追得很辛苦的居服員威廉絲。她帶我去拜訪一位八十四歲老太太，有固定用藥，還有處理足部傷口。這些工作需要時間，在聊天過程中知道老太太以前喜歡開車到一百公里外拜訪好友，現在沒辦法跑那麼遠。但附近開車還可以。

威廉絲巡迴別家服務看到幾位獨居寂寞的老太太，想起那能開車的，又想起社區兩公里外有個聯合活動中心有志工服務的常態活動。於是利用服務時，徵詢各位老太太意見，最終由會開車的到其他人家裡去接。這些其他人也很體諒願意開車的，會在約好時間盡量到巷口等。然後他們一起去參加美甲活動，大家都很高興。照服員並不會因為花以上心思直接得到什麼錢，可是幾位被照顧者都變得快樂，並且因有動機的活動而有身體與頭腦的運動，這真是名符其實的延緩失能和增加生活意義。

這故事並非獨特，在芬蘭，已經要雙手拿拐杖、失能等級很高、接受居家服務的人，在自家打電話給失智獨居的朋友們，和他們說

▼ 荷蘭居服員會評估失能老人能力而鼓勵他們互相幫助，照片是互邀去美甲活動。

話，為他們唱老歌，每天唱一樣的也不嫌煩。照服員注意老先生居家動線，把電話放到適當的位置，只要電話線和聽筒，這麼簡單的科技給了他們機會，讓零下三十五度相距數十公里甚至數百公里的失能、失智者們生活改變，這並沒有增加什麼長照負擔。還有些失能老太太齊聚日間照顧中心忙著一起打毛線做地毯和襪子給不同國家的貧困小孩，這讓他們撐著拐杖知道是為什麼。如果沒有這樣的機會，很可能就是長期陰天在家，非常容易消沉。幾天、幾週、幾個月，對健康打擊可能很大。

▼ 衰弱者不能做什麼？戴氧氣的畢嘉士醫師仍不斷四處聯繫，協助筆者學習照顧。

在瑞士，推動時間銀行不僅媒合誰需要服務，必然同時評估徵詢被服務的人可能為別人做什麼。有次在演講場合遇見提問者是非常有名的腦性麻痺數學家，他發表意見認為我國失能服務太少考慮人的需要，給不足服務小時數云云。筆者想起瑞士故事，就回應說，如果這學識豐富的腦性麻痺患者也如瑞士一樣，除長照基本小時數，能靠著服務別人而多得小時數，是否也是一種開源方式呢？大家頓時無言。因為我們社會的想法，似乎比較是失能的就是失能，下一步就是討論得到多少服務。

有的時候，照顧者看到人的潛力和公共資源發展互助，還可能扭轉人的生活價值。遠在五十年前，挪威醫師畢嘉士看到臺灣許多小兒麻痺孩子沒有輔具，只能在地上爬，甚至被遺棄在街上如狗一般扒盆子剩飯吃，非常難過。

他休假回到挪威，在福利日漸增加的家鄉，看到有些酒癮者還得到政府補助每日基本生活費，又拿去買酒。這些人活得沒有價值，因為身體不好心情低落無法工作，控制不住自己，失去社會連結，只能一天又一天的流浪，到天黑返回政府預備的防寒宿舍。

畢醫師看到這些旁人看來沒指望的人總還有同情憐憫心。將臺灣小兒麻痺的情形拍成幻燈片，為許多酒癮不能自拔的人演講，鼓勵他們將喝酒的錢捐給臺灣小孩，他們受到感動，真的就不去買酒，把喝酒的錢捐出來。這就是後來屏東小孩得到輔具的背景資源之一。畢醫師不但看到失能者長處，而且還搭起遙遠國度之間的橋梁，促成雙方都提升價值。這和看病拿藥的醫術沒有直接關係，而是看到人的潛力與具有覺察資源的能力。用一種方式說，就是人因伸手幫助別人而從失落無盼望被高舉起來，活出身為人的尊嚴！

五十年後，筆者在挪威照服員學校學習，新進照服員仍然有相似的課程，要求照服員要有這樣的想法，提供服務前先學如何看到失能者的潛力，鼓勵他們去幫助別人。

▲ 左方是時間銀行受惠者，其實是精通七國語言的導遊，服務者安排他幫助別人。

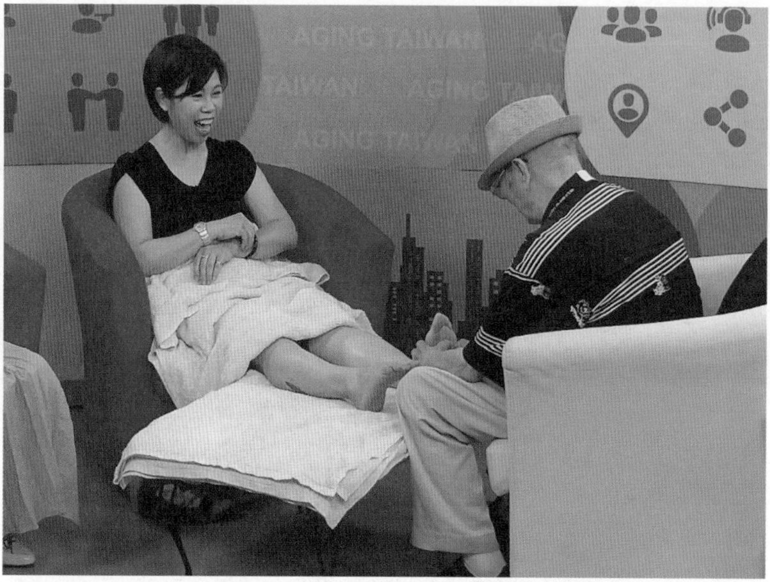

▲ 九十四歲長者被護理師示範足部照顧，稍後反而指壓服務，其實年輕以此為業。

目前在我國熱烈推動的長照服務，從照管專員到府評估，再到A個管後續聯繫服務，以及少部分居服員課程，也都強調資源連結、生活品質、延緩失能。我們發動很多專業人員介入，分別對應不同的方案而一段時間給予若干次，並且對應不同給付項目金額。錢是花了不少，服務也做了不少，但是能夠看失能者長處，而鼓勵失能者去服務別人，帶動更多人受惠的例子還有待發展。

當大家普遍憂慮未來更多失能者，而公共資源難以支持時，除

▲ 芬蘭圖書館重視高齡友善，支持長者跟上時代，既能充實知識也順便運動。

了醉心長照產業，是否也可一起學習用更多方式看到失能、失智者的潛力，創造機會，如荷蘭、芬蘭、瑞士、挪威朋友們一樣，支持失能者去服務別人，因為這是身為人類，最容易看到的特性，讓人感覺到自己是人，繼續經驗到人世美好的一面，而不是只看自己。即使在非常失能狀態下，得到明天還打算起床活下去的意義。當然，就實質資源有效運用的角度，可以想見，也會有幫助。

2-3 挪威發展失智觀眾專屬電視節目

當失智到中後期，因為記憶、方向感和行動能力受限，帶來安全感問題，所以許多患者較常在家，或到日間照顧中心，或住到安養機構。這時，情境氛圍可以影響人當下生活幸福感。怎樣營造好的情境呢？除了擺飾、氣味、光線、聲音、觸覺物品，還有一項工具——電視節目。

老人坐很久，看電視或被稱為給電視看，已經被健康促進人士詬病。然而，當照顧人手有限，在日常生活

▼ 衛福部南區老人之家實驗挪威研發失智者專屬電視節目，希望帶來樂趣與話題。

中，電視仍是種娛樂和資訊資源。當然要看何種觀眾，喜好何種內容，或說有多少選擇。

在挪威國家老年健康中心（Aldring og helse）任職的攝影記者兼製作人拉斯布爾（Lars Bull），平日負責該中心社群媒體影音和線上學習教學內容拍攝訪問，他因為接觸老年照顧很多，注意到很多護理之家常常擺著電視，播放一般電視節目未必適合失智長者。

例如，一般電視節目，尤其商業電視，畫面切換很快，講話也快，不用說失智者有些認知困難，光看畫面一直閃跳，就可造成不安，更何況聽不懂帶來的持續挫折感。所以拉斯開始實驗發展專門給失智者在客廳看

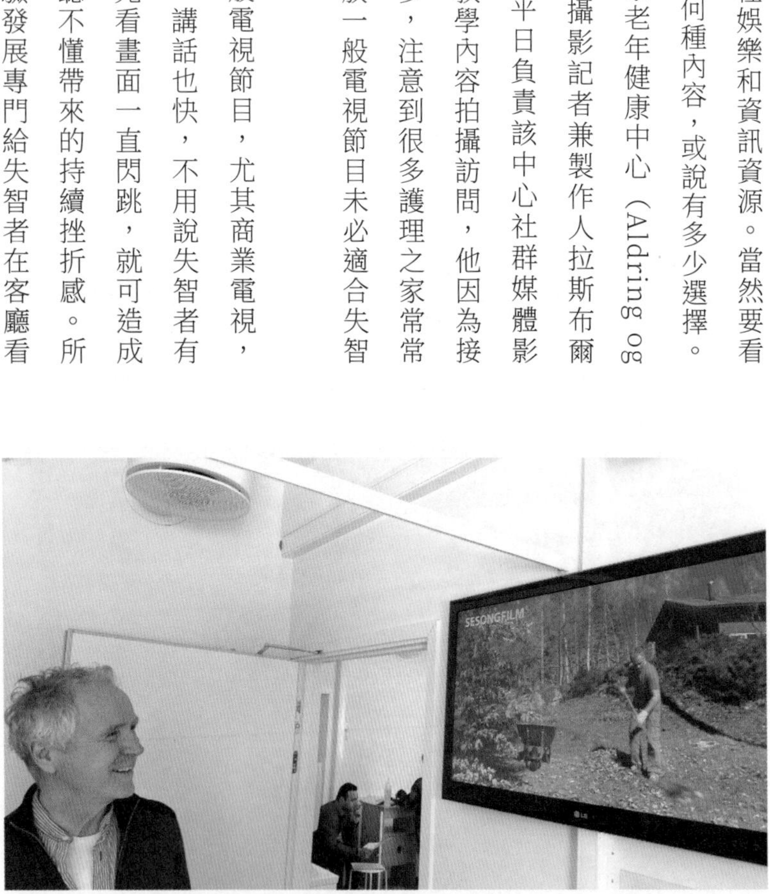

▲ 挪威失智者專屬電視節目發明者，透過季節、生活多樣內容引起失智者幸福感。

的電視節目。

根據累積對失智者理解，再請教該中心的失智共照訓練專家們，去調查失智者最喜歡去什麼地方？發現像逛超市和都市街景這些並不是大家最想要的，也不是電視新聞，而是最原始的自然界畫面和聲音，如鳥叫、樹林、風聲，用很慢節奏剪接，讓失智觀眾進入一種情境。沒有配音樂也沒有旁白。這好像手槍的扳機，啟動失智者早期記憶，讓觀眾覺得安全、肯定自己、有存在感，又將行動受限的觀眾帶往大自然。

有一位失智者看影片時說，看到就感覺到，甚至聞到味道了！她隨即背誦小時的一首詩，這正說明了影片效益。

▲ 由於實驗成功，失智者電視節目出了型錄供各安養機構選購幫助長者與照顧者。

拉斯發現有用，也理解挪威雖然同質性頗高，相同影片可通用許多地方。不過還是有些地方有文化差異，例如北部兩萬薩米人，他們對失智的看法和一般照顧方式，與南部不同（這有點像臺灣原住民對長照的想法也不見得與都市一樣）。

後來拉斯專門跑到挪威北部荒原，拍攝更多相同目的的節目。之後，再進一步研究失智感知與內容設計，選材擴展，包含做麵包的過程、打毛衣毛襪的過程，都剪接成慢慢的、色彩豐富的內容繼續播出。這不但用來看，也可用來讓語言溝通困難的失智者以跟著做的方式參與活動。

對失智者而言，要使用手機有時不容易，而且傳統電視大螢幕更容易有視覺效果。他希望挪威現有一千多個安養機構，若有一百個以上受惠，就達到穩定的經濟規模。失智雖然有其感知侷限，但不代表不能欣賞影音。可惜的是有不少照顧機構播放電視的方式相對消極，只是怕住民無聊，也較少觀察失智者在各種影音情境中的反應。

筆者曾在幾個國內硬體不錯的照顧機構失智專區拜訪。記得有機構就是隨有線電視當下播出什麼就放什麼。有一次筆者看到打打殺殺的武俠片，刀光血影，節奏很快，有一部分失智者不安，當時也沒留意到為什麼。

同一時間，照顧者在另一間房間忙著帶活動。或許等一下電視機前的老人有焦躁，卻不能被瞭解為什麼。

消極的說，勿讓電視製造問題，照顧者也很辛苦。積極的說，真可以考慮更多帶給失智者影音短片或長片，增加樂趣和安全感。以臺灣失智者增加之快之多，拉斯的想法或許也是我們長者和照顧者的福音。

2/4 彰顯照顧專業價值的中國大陸節目

在臺灣，一般電視頻道不易看到多種中國大陸電視節目。不曉得讀者對中國大陸節目印象如何或想像如何？一方面那裡是極權國家，言論有限制，但另一方面，在顯著無關挑戰當權的範圍，中國大陸也有很多有趣的節目。以下列舉幾例：

① 脫貧節目：目前因中國大陸希望拉近城鄉和貧富差距，在許多地方實施區域生活改善計畫。每個地方各有不同挑戰，包括民眾未必欣賞現代化公寓，有些人習慣舊居拒絕搬遷。這其中未必都是想像中的高壓作為，也有類似臺灣社工和民政人員要去好言相勸疏通的過程。電視節目呈現到底住戶面臨什麼問題，以及地方政府人員怎樣想不同方法解決問題。如果從問題解決（PBL）角度看，節目逐步介紹怎樣踢到鐵板，然後怎樣開會，再去溝通，再想辦法。幫助大家多動頭腦解決問題，也是很好。

② 人物故事：鼓勵大眾尊敬對社會有貢獻的專業資深人士，透過節目讓大眾認識不同行業一路走來的利他作為。例如一位身材嬌小的女性醫師，年輕時想當傘兵醫師，自己條件不夠當傘兵，但是有心投入隨軍醫師，後來通過訓練，看到許多空降時容易受傷，與先生一起研發氣墊緩衝鞋墊。另一故事介紹護理主任在急診室怎樣訓練後進，怎樣發展社區醫療，其中包括服務價值和如何落實服務。這兩個例子，人物受訪難免還是要表達為黨服務，但就知識層面，鏡頭與敘述引導觀眾進入不同行業、年代、處境，拓展人們思維眼界。

③ **科技創新**：舉幾例，一是濟助弱者：在棚景超大的現場人物訪談，介紹肌肉萎縮女性和帕金森男性相戀的故事。他們希望能保有生活品質，但也知道彼此病況可能惡化。節目引介香港大學博士生的帕金森輔具研究，讓男士試戴來支持行走平衡。節目過程帶有從無奈走向破除障礙色彩，讓更多人透過發明改善困境。二是軍事國防：研發戰車砲塔平衡儀。為了設計更平穩的砲塔旋轉，從公雞四處行走移動身體但仍能保持頭頸部平衡來找靈感。又討論越來越進步的無人機和無人坦克，到底能用到什麼極限和如何可能反而被敵人操縱。三是自動偵測：學校附近加裝分貝感測器，凡考試期間，任何車輛靠近校園可偵測引擎喇叭聲音超過三十分貝，會自動記錄車牌罰款。醫院病房所有床位點滴都有自動偵測的中央看板，以避免護理師疲於奔命與家屬不安產生的溝通衝突。這些例子帶有用人性、趣味、動腦方式介紹科技，而非賣產品推銷，也不致於太過學術。

④ **法律救助**：雖社會現代化，有各種法律糾紛，節目請來包括家暴、房產糾紛、鄰居衝突等各種當事人。用主持人訪談由受害者自己講故事的方式呈現，棚內有多位律師一起想辦法。中國大陸很大，若許多地方發生類似問題，則觀眾可透過電視學習到原來不是只有自己遇見問題，透過律師解說，理解有更多解決問題的可能。一方面維護自身權益，

二方面理解不侵犯別人權益。

5 酒駕取締直播

：不敢講其他地區，光以安徽來說，當地三甲醫院也就是相當於臺灣醫學中心等級的醫院，護理長說，取締酒駕越來越嚴。公務員被抓到關十五天不等，看來不算久，但同時取消公務員資格，這影響就很大。可是這還不夠，中國大陸數位科技發達，地方公共頻道每週有固定時間直播公安當街攔檢實況。這種節目還真有人看，大家無聊時看看誰被攔下了，誰被攔了還遮遮掩掩的狼狽相。一方面，這和臺灣偵查不公開或者強調人權的理念有差異，但這種方式也產生嚇阻作用。

其實多年前在大眾傳播理論就討論過傳播與國家發展。中國大陸城鄉差距導致知識差距，這也是四十年前傳播理論的重要議題。透過電視節目，形同遠距教學加速民眾學習進入現代社會。

無線電視創造人們的共同社會理解經驗，雖然成為宣傳工具非民主社會樂見，但若推廣某些公益利他觀念、創意解決問題與彼此學會欣賞別人，這些無疑是可取處。中國大陸對網路仍有管制，相形下電視仍是重要吸收資訊平台。

電視是大眾探索世界的圖框。每天供應什麼內容，建構民眾的社會認知，也供應民眾多樣資訊。從這些非常古典的傳播原理來看，中國大陸電視有一定程度的貢獻。不必拿來和臺灣電視比，但多少可讓我們多想想我們有數百個頻道到底提供民眾怎樣的資訊，而持續如此，又將對國民現代化與利他公益思想有什麼幫助。

2.5 讓失能發揮優勢——奧地利身心障媒體

除了挪威已經有經營多年的身心障電視台，由身心障者擔任記者，報導他們觀點的故事，促進大眾理解之外，奧地利也有身心障者經營的雜誌、廣播媒體與網路媒體。[1]

1 請參見：http://diakonie.at/。

這個位在上奧地利邦極佳諾起興鎮（Gallneukirchen）有個教會起家的服務機構Diakonie，近兩百年投入各種弱勢照顧，身心障是其中一部分。隨科技進步，現在這裡有專屬媒體辦公室，定期出版雜誌和錄製廣播節目。

內容包括介紹機構各種服務，身心障的論壇、國際交流、就業新發展、旅遊經驗、復健服務、輔具發展、政策變革、早療模式、各種募款、節期生活、實用生活技能教導、求助資訊、一般文化藝術活動預告、身心障劇場和身心障音樂週預告，還有身心障可以獨立從事哪些生活的多樣故事範例，如何為更多人帶來希望。

這些內容鼓勵身心障如何擴展生活圈，使大眾對弱勢者的生活有更大的想像空間和更健康的理解，破解成見，很有包容色彩，希望人人都是社會一部分而不疏離。內容很有知識性，而不只是募款廣告刊物。

除了以上例行工作，還有可觀的生產副業，讓媒體器材加值運用。由於這裡有電腦繪圖軟體和各種手用繪圖工具，身心障者有很多樣適合個別特性的方式可以創作圖像，搭配自己的攝影棚，平時用來拍攝上奧地利所有身心障學校和機構需要的溝通圖片標示獲取利潤。因為從業人員自己有身心障背景經驗，所以研發製作格外容易貼近需要。

帶領筆者參觀的人把一個大抽屜打開，裡面全是過去幾年代客製的各種標示圖像。原來，這裡不是只照著印、照著做，他們也在不斷研發更容易懂和更適合不同場所距離的顏色圖樣，幫助身心障更能生活自立，和更能清楚表達自己的意願，有助參與個人生活決定，這正是尊嚴！

到了聖誕節前後，攝影棚還有預定客製照片外包裝巧克力的服務。流程是搭德語系國家行之有年的聖誕市集之便，因為鎮上的聖誕市集就在他們辦公室旁邊，他們提供服務，鎮上任何人可以來此攝影棚拍聖誕帽飾的人頭照片，然後存入電腦印出裁切，事前有知名巧克力廠商協同贊助或低價銷售，讓

▲ 一個城市身心障外出和工作需要的行動標示由身心障者一起設計，務實傳神。

這身心障媒體得到大量巧克力，可以捲貼上訪客個人照片，成為個別化聖誕禮物。

當然訪客也可以購買身心障朋友事前已經畫好、圖像色彩獨特豐富的各種外包裝巧克力。和一般超市制式化的包裝，這裡顯出更有特色，在非常重視聖誕節如同東方人重視新年的奧地利，這些巧克力成了很棒的禮品。有佳節味，也有人情味。

有的身心障朋友較難持續從事裁切，這時，如果客戶在場，尤其是家長帶小朋友來拍照的話，工作

▼ 社工協助身心障者生產客製包裝圖案的巧克力禮品，這已經形成市場。

人員也會先示範如何裁切印出來的相片，然後交由小朋友一部分的裁切工作，這樣，小朋友能做裁切，大家一起完成成品，不會枯燥，大家都很高興。

從辦公室入口的大桌可看到許多袋預定貨品，等著客戶來取，還有來來往往的臨時客戶，可見大家很支持。這背後的意義是，地方希望幫助弱勢者要顧及受幫助者的尊嚴。最好的方式不是只有捐款，而是提供受助者機會用到自己的能力，創造新而實用的服務，用服務得到金錢，用創意和能力換得資源。

▼ 身心障者執行為客戶拍攝照片後，讓客戶參與製作專屬禮物包裝紙。

一個辦公室許多電動輪椅四處忙碌移動，還有若干各種不便的人在工作，他們發揮仍有的能力。身心障故事不會只成為商業媒體消費的對象，有自己的發言交流空間，促進大眾彼此理解，還有衍生微型產業，很自然的營造與大眾互動機會。這幫助弱勢者能有固定的工作和活動，對他們的身心健康維持也有幫助。

▼ 身心障者在雜誌社需要輔具和人助，有協助，他們可以出版刊物表達意見。

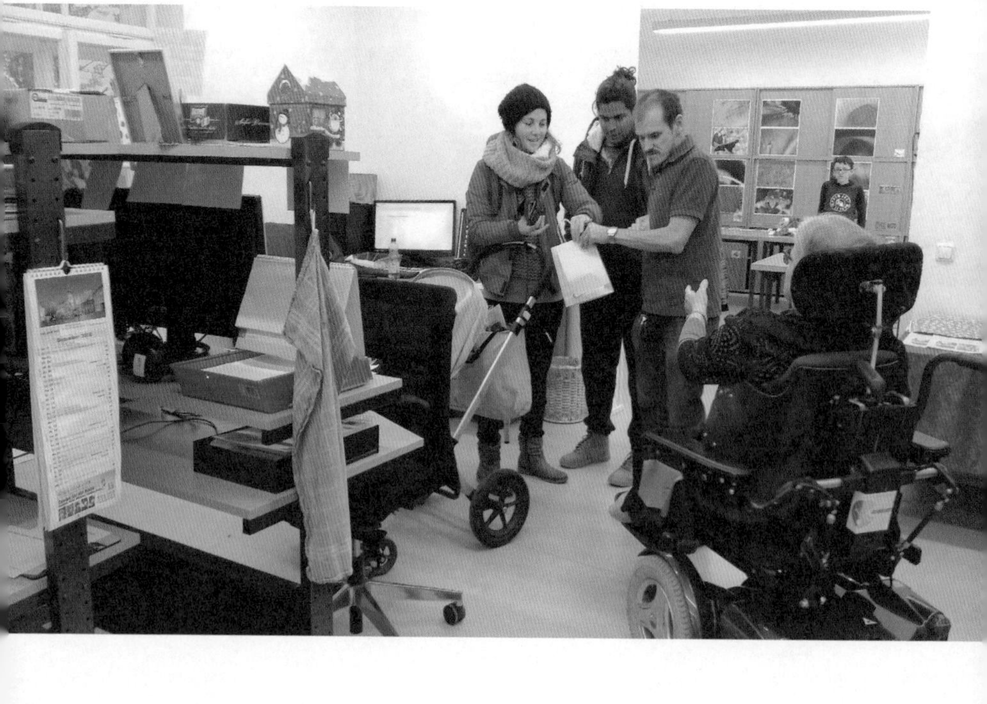

2-6 老人買電台藥的事實、真相與因應

至少四、五十年，我們常聽到老人愛買電台藥，有一部分造成洗腎等後遺症。政府宣導希望大家不要輕信醫師以外的藥物，卻沒有積極處理。而電台也很認真學習規避觸法，甚至有醫師開始想模仿電台廣播方式，來與老人友善溝通，還有大學論文探討這種現象。

這背後很容易給人的印象是老人教育程度低，容易被騙。老人寂寞而電台溫馨，所以老人得到陪伴而陷入買藥不能自拔。老人很固執勸不聽，醫護人員和子女都很無奈。可是真相就是這樣嗎？不然！來看這兩個例子。

在臺南一個日間照顧中心，有位快九十歲的女士跑來找筆者，表示腿腫又痛。筆者協同護理師幫她瞭解，後來護理師觸診這女士小腿到腳跟的肌肉僵硬，為她按摩，開始緩解，也進一步瞭解她為什麼變這樣？一旁的照顧者說，這女士一輩子都在買廣播電台的藥物吃，而且子女勸不聽。近年越買越多，女士沒有否認。只說，因為她的關節一直會痛，沒有人可以改善，但是吃了廣播電台的藥能有些緩解。

她並不知道這些廣播電台的藥物有什麼內容，只是一直吃，自己的皮膚越來越薄，容易瘀青流血。已經吃到割掉一顆腎。護理師在臺南服務很久，執業已經四十二年，力勸女士不要再吃電台藥。但因為是受邀偶而訪視，並無法進一步追蹤輔導。

另一個例子也在臺南。長者皮膚變薄、水腫還有疼痛，也吃電台藥。目的一樣是想要紓解疼痛，也一樣感覺有些效果。同樣的護理師來訪視，先低身在老人面前用按摩幫助長者緩解，也是暫時緩解。但老人看到有改善，護理師開始詢問更多生化指數與生活習慣資料。

這時護理師看到許多廣播電台賣的黑藥丸，力勸老人不要再吃。護理師指出，有些不明藥物可能摻類固醇，到底電台藥物含有什麼，得用質譜儀分析。但若長期服用類固醇可能導致這些現象。

一般醫院也可能使用有類固醇的藥，但醫師會針對病情與階段而控制劑量。可是民眾自購電台藥，雖然銷售者可能提供建議劑量，實際上很難確保老人如何使用。有時候越吃越多，來緩解疼痛。

護理師問這老人為什麼不去看醫師。老人說其實有去看，可是去看不同的醫師得到的答案是退化、退化、退化，這種答案不能解決長者的困擾。基本上沒有人故意去買藥傷身，尤其現在慢慢有人知道藥物可以影響肝腎，而且臺灣洗腎很多，也看在眼裡。洗腎因素很多，藥物是其中之一。

但現實生活，哪些改善疾病困擾的方式可近性高？哪些方式讓老人有感？哪些人的溝通很友善？從這些方向

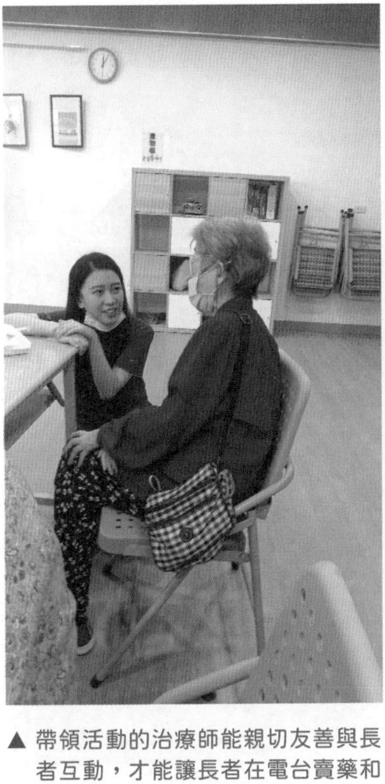

▲ 帶領活動的治療師能親切友善與長者互動，才能讓長者在電台賣藥和專業照顧更願選擇後者。

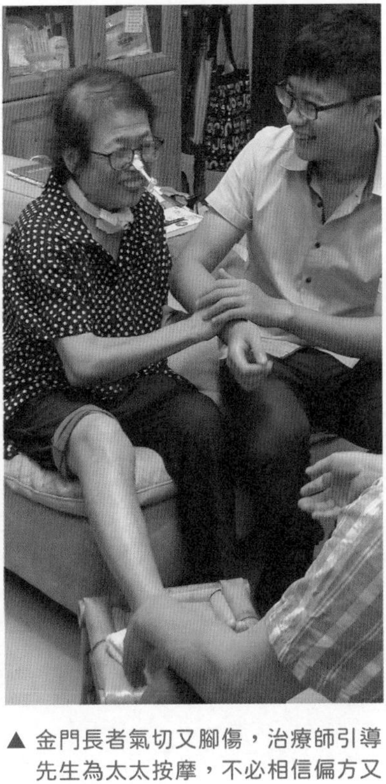

▲ 金門長者氣切又腳傷，治療師引導先生為太太按摩，不必相信偏方又增加感情。

看，電台所用的語言和銷售通路的確很接近長者，而且短期能緩解困擾，只是很少人想到長期的後果。

這種情況短期之內可以改善多少？很難說。但是上述第二個例子似乎有些改變。關鍵在護理師先為老人用遇見第一位長者時一樣的方式協助舒緩浮腫，而且的確看到效果。之後，護理師與老人溝通，勸說不要再繼續用黑藥丸的時候，筆者拿出第一位長者的浮腫皮薄照片。因為情況明顯，老人態度改變了，沒有再繼續吃黑藥丸，開始嘗試護理師的建議。護理師的建議包含飲水、飲食和其他運

▲ 老人水中活動，實用又少負擔，往往比來路不明的藥物更有助老人力量維持。

動等多種，並告知機轉原因。

從高齡學習原理來看，第二個例子符合有感服務、有陪伴、選擇情境、時機、替換性指引明確、解釋原因和使用友善語言與肢體語言等因素。而且並沒有指責語彙，讓長者覺得所做的都是錯的。可見我們還很有空間，改善倚賴吃電台藥的老問題。

由於人口老化加速，未來有更多老人，也就意味著更多人可能無助，落入自行選擇藥物的風險。就長者生活品質而言，就造成的龐大醫療費用而言，都很值得我們關注，找更有效方式預防受害於藥物。

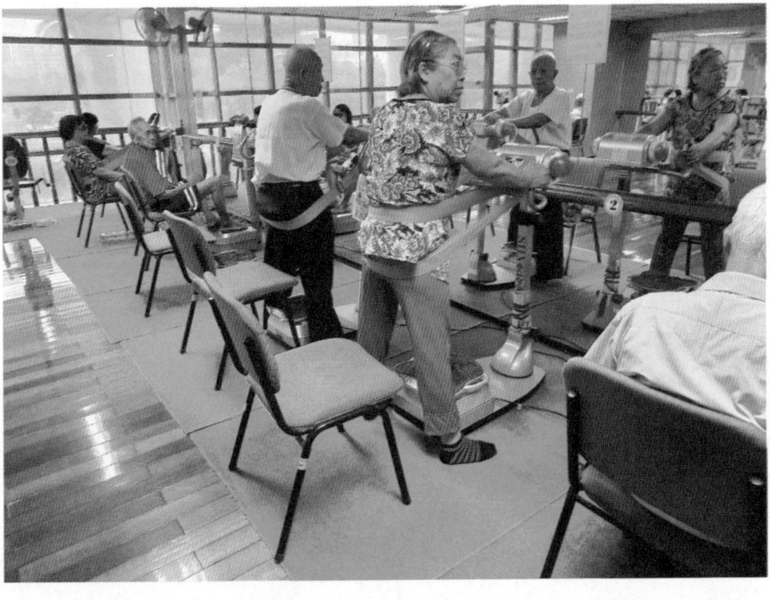

▲ 政府取悅民眾而購設搖動設施。並無科學根據改善健康，還要搶位子使用。

另一方面，隨社會進步，未來老人的教育水準進步，加上資訊科技發達，有更多機會查詢資料來支持最適當的照顧方式。而且隨照顧資源有限，各國都在力推健康識能和以支持自我照顧代替事必躬親的老人照顧。以上述藥物來說，有些可以從網路查閱，也可以拿網路資訊去問專家。在美國與我國，都有合法掩護非法或標示不實的藥品。因為很多，加上商業利益，所以媒體不會都刊登。這些情形在過去想瞭解比較困難，但現在有網路和各種通訊軟體，想瞭解比以前相對容易得多。

若我們已經理解越老越不容易快速吸收知識和改變就醫習慣，或許要從中年甚至更年輕就培養面對健康挑戰的求知、求助方式。當

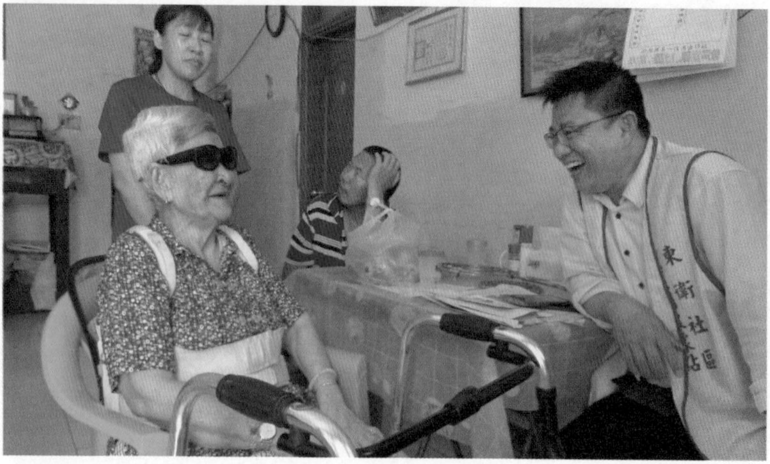

▲ 更多社區關懷支持，有助減少老人因寂寞聽廣播造成被誤導花錢傷身的機會。

然，當不得已去找醫事人員時，也期待醫事人員能強化友善溝通和高齡學習基礎知識，引導老人願意一起共同面對挑戰。

所以，改善老人濫用電台或其他來源藥物的方法，同時包括：照顧者同理老人處境、增進友善溝通、理解說服方式、強化老人學習能力以善用資訊資源，用以降低無助。不要再只笑老人、批評老人，如此才可能在社會走向超高齡時，將買藥、用藥後遺症不斷增加的情形減緩。

2-7 建設性新聞方式的防疫報導

當疫情持續不去，民眾對媒體資訊需求提高，加上多媒體時代來臨，媒體也需要夠量資訊支撐時段，於是有更多樣新聞報導內容。撇開本來就帶有偏頗立場的媒體，一般媒體疫情報導如何提供更有品質的內容，還有許多討論空間。這時想到過去幾年從歐洲公共電視擴散開、贏得迴響的建設性新聞學，似乎讓我們有更多角度可思考怎樣選擇和處理報導，對讀者最適切。

以國內疫情報導三例：

① **衝突管理**：民眾到藥房取口罩，因為藥師拿健保卡過程發生錯誤而引發民眾要求下跪的故事來看，故事有衝突，成為媒體選擇的內容。一經散播，政府官員也不得不回應。但想想，許多醫療院所甚至餐廳等服務業也可能因忙碌或服務者個人一時疏忽發生錯誤。一位帶有情緒的民眾可能有很多原因，藥師有必要完全順從民眾的反應來行事？

若重複報導這故事的衝突，並無太多建設性。疫情不明的時候，有更多重要的議題該探討，是否一定要給這下跪吵架的故事這樣多篇幅？如果一定要處理，依照建設性新聞的原則，用知識引導觀眾討論怎樣化解衝突或因應民眾的苛求，甚至檢討藥師的態度是否無意間也是引爆點都可以討論。現在年輕一代的服務者有些可能因手機用多或學校過度重視技術教育忽略溝通教育，面對人的態度相形上一代，顯得面無表情被誤為冷漠，讓被服務者覺得得不到注意，因而不滿。

在丹麥和挪威的醫療照顧人員基礎教育教材，都有溝通課程，而衝突管理則是溝通課程重點。所以丹麥會教衝突階梯，幫助醫療人員意識到溝通不良可以升高衝突，而對來自客戶的情緒，也當意識到更多方式降低衝突，當然不是下跪。如果拿錯健保卡，友善致歉也可緩和互動氛圍。如果輕易下跪，反而應檢討的是服務者的素養。若真是藥師引起，但藥師不說或沒意識到自己的溝通方式，政府還要法辦民眾，公平？

在挪威的溝通課程則教導醫療人員分清楚是人際還是價值或角色衝突。藥師下跪屬於人際衝突，教科書說一方面要省思服務者自己是否激怒對方，再則鼓勵服務者表達自己的感受，讓對方理解，甚至友善的問對方「你怎麼了」？也就是不讓對方的情緒染上自己的身體。而不是直覺式順著對方情緒起舞，因為這甚至可能強化鼓勵對方欺負你的情緒。若媒體能將以上故事引導到這些內容做配稿不是很好？

2 **危機管理**：護理師買便當被便當店拒送，也是衝突故事，一下子報導開，再經社群媒體擴大，變成民眾歧視醫療人員，又弄得忙碌的官員也不得不回應，甚至護理界代表也要表示一下立場。越來越嚴重的對立與挫折氛圍產生，這對社會有幫助？

想想看，天下怎麼有那麼多事一定要導向別人看不起我？醫療人員受專業教育有其職業價值，何必又豈可因便當訂不到就這樣受挫？到底是護理人員自己的看法還是媒體的包裝？若是前者，值得省思的是專業人員豈需要將自己的價值建立在送便當的人？後者，就更可議。

從建設性新聞觀點看這故事，除了重複公審便當店，或許還可以有以下角度：同理便當店老闆也害怕被感染，來討論接下來送醫院的便當怎麼送？能對業者安全，也不會帶進更多不明感染物反而污染醫院（臺南大地震期間確實發生志工團體製作的便當造成第一線醫護人員拉肚子，只是沒有公開）。或者該便當店生意很好而拒絕，則根本扯不上歧視，純粹是消費

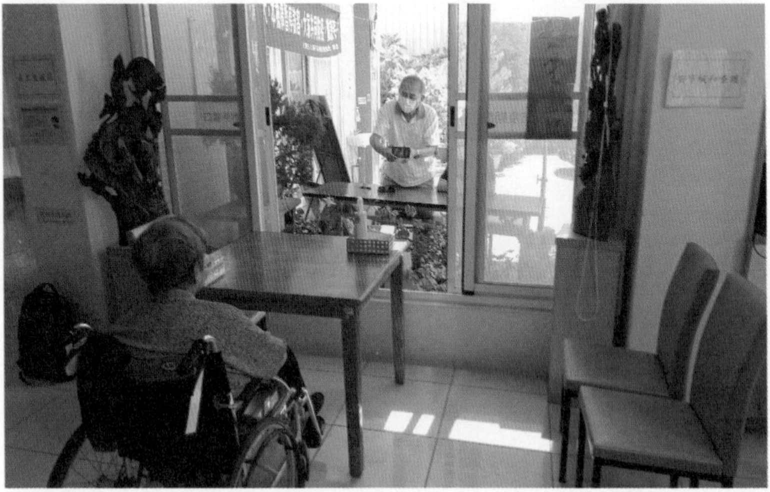

▲ 疫情後機構一片關閉限制，有機構開關親訪。媒體除報導關閉，能介紹這種突破努力，更具建設性。

兩造交易問題。有必要導引成民眾對醫療從業族群相互敵意？

再者，或可從危機管理角度看，醫院如臨大敵，醫護人員非常忙碌，能否探討醫療院所是否也該建立特殊時期的飲食資源調度計畫？這不是沒有前例。例如風災期間，但那不牽涉敏感的感控。倒是開刀房平常就有人員不出來，飲食送進去的做法，他們是如何避開感控可以參考。如果有好的新聞企劃，還可延伸其他的特殊時期醫院感控該想到什麼，不是很好？就像部長提到看護的素養有待加強。

3 休閒管理：里長率團出國，也是衝突故事。新聞報導出來是在政府將歐洲

▲ 臺南美佑護理之家在疫情期間為外籍看護買他們喜歡的水果，既避免他們四處行動風險，也不忽略他們的需要。

各國列為三級警告之後。這麼多攝影機追著里長，只是為了把她送上螢幕可以吸引觀眾？里長也不是擅長媒體公關者，一下子引起更多撻伐。延伸的還有與里長政治立場不同的地方人物上談話節目來「解析」，除娛樂效果，對防疫的建設性如何？許多旅遊者去日本也是相似情形，怎不見對旅遊者相似批評？

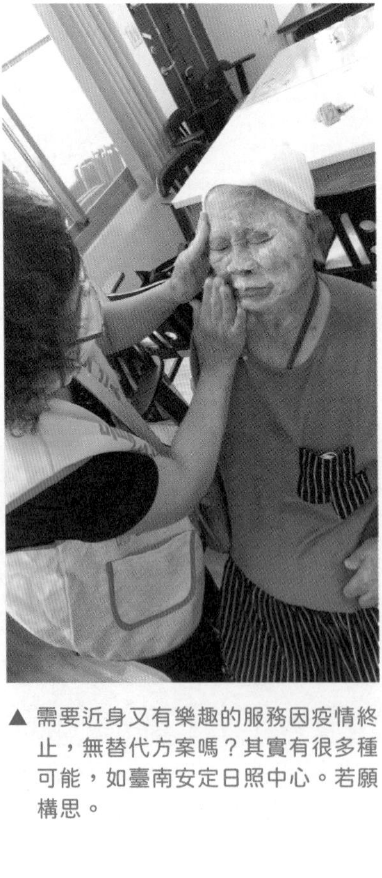

▲ 需要近身又有樂趣的服務因疫情終止，無替代方案嗎？其實有很多種可能，如臺南安定日照中心。若願構思。

如果從建設性新聞角度看，首先，釐清基本事實，里長揪團出國時有違法？要是你我也有經濟損失，還可以怎麼處理？其次，看看他們出國怎樣防護呢？因為還有很多人會因各種原因出國。停止一切旅遊最好？在國內旅遊就不傳染？旅遊以交通工具容易群聚，當然要注意，但其實也看旅遊方式。像挪威、奧地利感染，與滑雪後喜歡長時間密閉群聚，酒館服務生帶病毒為人服務，器皿沾給其他人有關。能以此案例借鏡來建議怎樣於防疫期間有哪些風險低而適當的休閒旅遊維持免疫不也很好？

這個時代，除刻意散播假消息違法，沒有人控制得住民眾在社群媒體表達個人情緒。但傳統媒體仍然很需要注意新聞選擇與處理。這是維持公信的根本，也是獲政府授權可以營運的基本倫理。更因為它的易得性，讓多數人無預警也不用輸入密碼和層層關卡就暴露於報導。不是只有限制級畫面才能帶來心理衝擊。

新聞工作預備時間很有限，尤其電視，幾乎一天一仗，甚至一小時一仗。編輯臺一個指令接著就是攝影機按指令追受訪者。攝影機開機剪接後的影像加上旁白論述，建構當下的世界。重複呈現里長落水狗、送便當可惡和藥師下跪圖像，帶來怎樣的社會氛圍要慎重考量。編輯和記者下班一樣要走回他們為民眾建構的世界，承擔一切媒體效應。

在書寫本文時，短短幾天走過挪威、丹麥、奧地利，加上透過網路以及歐洲朋友傳來的芬蘭公視節目防疫首席專家訪問可見，[2]這些國家的傳統媒體大多把篇幅給了總理上

2 請參見：https://areena.yle.fi/1-50331184。

特別節目，如奧地利[3]訪問總理與副總理、聯邦救援指揮官。介紹議會正要通過的法律怎麼開會決定的。主頻道播出後，網路檔案收看還有秒數主題區分配以節目截圖提示服務，觀眾可以按自己優先關心有興趣的段落選擇收看，充分發揮傳統媒體在數位時代的服務創意。

又如挪威首相記者會直播節目。[4]首相解說危機管理，不是單向宣告，而是接受媒體提問，不是雜亂的隨便問隨便答，來滿足媒體需要足夠內容。並且冷靜的補充政府說明之外還有其他關乎民眾作息的問題，例如平時穩定的醫療制度、資源和地理幅員、極高頻率的旅遊移動，如何因應巨變。這是許多歐洲國家比臺灣還禁不起疫情的背景原因。還有居家檢疫的醫療專業人員怎麼生活的示範，與不同生活處境的居家自我管理有什麼需要和因應，提供觀眾參考。官員說明決策並且說明原因，再接受訪問。民眾獲悉政策卻不明白原因也可以帶來更多不安與揣測，所以透明和互動很重要。[5]挪威顧念許多孩子對病毒有疑問。因此，政府與 NRK Supernytt 和 Aftenposten Jr 合作，為兒童組織了一次單獨的新聞發佈會。總理厄爾納・索爾伯格（Erna Solberg）、兒童和家庭部長 KjellIngolfRopstad 和知識與融合部長 GuriMelby 要求透過 https://nrksuper.no/ 發送電子郵件來回答問題。

此外，傳統媒體在上述內容播出同時，則不斷有跑馬燈精簡呈現最新訊息。例如：機場關閉否？哪些行業有影響？或者一些背景資訊供參考，例如挪威公視刊登北歐航空有一百多位機組員來自挪威，也就是說，一旦境管，飛機減班可觀。以上各國媒體絕少把報導給予「誰看不起誰」、「個別衝突」或「恐會……」式非事實報導。想想看一位民眾不設防的每天接觸許多「恐會……」會怎樣？

理解疾病特性、公共決策周延和個別因應經驗分享，是三大特性，還有直接探討媒體效應與社會恐慌的，目的都在幫助觀眾掌握事實，減少放大恐懼的心理影響。防疫是很慎重的事，習於娛樂化的媒體理念如繼續消費防疫報導，再上大量情緒性字眼標題，並非社會之福，並使公信力更下降。娛樂性內容越多，當然該留給防疫建設性前瞻性的內容更有

3 請參見：https://tvthek.orf.at/topic/News/13869393/ZIB-2-Spezial/14044810/Kanzler-Kurz-und-Vizekanzler-Kogler-zur-Coronavirus-Krise/14662485。

4 請參見：https://www.regjeringen.no/no/aktuelt/statsministeren-holder-pressekonferanse-for-barn/id2693657/。

5 請參見：https://www.nrk.no/video/734372bf-b5ce-4ff6-86fe-a08094eacfa3。

限。雖然合法，或可以稱之「新聞自由」或滿足「知的權利」。由於疫情可能還要持續一段時間，或許政府與媒體可以考慮找出媒體報導指引以供交流參考，甚至提供民眾以選擇可信和適當的內容。

2-8 銀髮媒體識讀課未來

南部幾所樂齡大學近年紛紛開設媒體識讀課程。和戰後嬰兒潮年輕時相較，吸收資訊或者說暴露於資訊的機會大不相同。資訊多、選擇多，但現在已經到無限多，形成不確定和負荷。加上詐騙與假新聞層出不窮，可能對銀髮族生活品質構成變數。所以陸續有學府覺察重視可以想見。

然而，單場的演講可能就當時熱門新聞討論，也看講者身分背景而有不同角度。這種方式分享個人觀點和單點式提醒，原則上較難系統性滿足長者期待。若要更全面或更針對性提升長者媒體批判和使用能力，則可考慮從課程設計方式處理。

尤其長者是成年人，成人學習有些特性，例如他們有豐富的生活經驗、成人學習動機常是為了實用等。終身學習相關論述則告訴我們，社會變遷迅速，終身學習幫助公民繼續維持適應社會的能力，感覺到自己仍然參與社會。

因此，積極的說，銀髮族媒體識讀要發展課程，其涵蓋的主題應不只反詐騙和避免政論節目惱人這樣窄，而應是面對資訊，本於生活價值，具備選擇、辨識、欣賞和應用能力，於第三年齡增進生活幸福感和生活意義。

回到課程原理來看銀髮媒體識讀課程設計，基本上得考慮到學習對象的生活處境與學員背景、學習目標、選擇根據目標的內容，然後是運用內容的方式，最後是評量是否具備應用能力。

以處境而言，先看硬體環境，不論我國或他國，新一代銀髮族使用手機能力越來越強，甚至每天沉迷者也大有人在。教學者不宜輕看長者的能力，也就是要先拿掉教學者自身對長者的過時刻板印象，認為老人就是頭腦不清楚或者沒有使用科技的能力。

另一方面，和主要生活圈仍在職場者相較，過去視為理所當然的人際接觸有些改變，可能生活圈更窄。若不是找尋樂齡大學和有興趣參與，可能圈子更小。這意味著接觸資訊的管道，可能更偏電視、手機、親友面對面和透過通訊機器。除了親友有日夜限制，其他資訊管道是二十四小時！

再看銀髮族處境的身心部分，銀髮族生理逐漸衰老。在二〇〇六年筆者走訪美國加州州政府老人局時，那時當地已經製作防詐騙教學影片，提到老人認知退化，可能比年輕人更容易受騙。晚近失智照顧也提到，認知退化會增強情感代償作用。若在一個封閉情境，如計

▲ 有心服務長者，想出各種可能。瞭解失智仍對音樂有感，選擇環境拉琴就就能快樂，而不必枯坐機構。

程車司機敘述自己可憐的故事，老人可能比較容易因憐憫同情被騙。在社群互動減少的情境，獨自聽收音機，若廣播者能更同理語言訴求，則也可能贏得老人的信任，並拿出金錢購買商品，以維持安全感。這種例子若說三十年前有是因為教育水平，但如今依然不少。可見不全因教育水平，倒是年齡和生活處遇也提供解釋。對銀髮族來說，到底銀髮族是不是比較容易被騙，和為什麼，這本身可能就是一個課程主題！

歷年的傳播學理告訴我們，不僅老年人，一般閱聽人吸收資訊在某些情境條件下，可以影響身心，這也看閱聽人的人格特質、過去學習經驗、生理反應能力。老年人無疑累積豐富人生閱歷，但生理上因應壓力的能力可能隨年齡降低，這些因素可能影響接觸資訊的反應。例如幾年前選舉時，一位經歷過一九四九年戰亂又長期受到政治宣傳影響的長者，可以因為擔心選情而日日焦慮。即使他本身是醫護人員，但專業知識未必供應他足夠調適能力。

另外，資訊接觸管道多，也有很多正面效益。例如累積多年的生活經驗，過去如有因應老化和社會適應的難題，得花很多心思過濾找尋打聽適合的詢問對象，這花掉非常多時間。但是現在資訊管道多，如果能根據吸收資訊的目的有效選擇，可以很快掌握。例如選

▲ 民眾對抗老期待越來越高，泌尿科醫師張美玉在用鐵架練習挑戰體能，也許過去很難想像。

擇對象，透過 LINE 和臉書與各種社群媒體群組詢問，也就是主動性大為提高。

關於學員背景，觀察一般樂齡大學學員背景，大致上都有高中職、大學教育學歷，說具備最基本閱讀、溝通能力不為過。差異性可能在正規教育完成後，各有不同職業背景和生命處遇，以及當年正規教育後是否保有持續閱讀習慣。

瞭解學員處境後，開設課程的下一步是設定學習目標。或許可多徵詢學員，以瞭解他們有無這些差異造成學習期待不同。

以高雄一所大學調查發現，樂齡班同學期待是「一、政論節目消息來源的真假，LINE或FB訊息的真假。二、防止詐騙。三、瞭解媒體報導與真實的出入到底差多少？四、教導辯論是非。五、似是而非的消息散播無孔不入如何防治？六、增加應有的知識智庫」。

觀察這些主題，屬於一般銀髮族遇見的挑戰，尚未走入很個別化的歧異。或許先就這些主題設計學習目標和對應的內容，以及隨之而有的學習活動。關於學習目標，例如分辨媒體資訊內容真假的能力、辨識和避免詐騙的能力、理解事實與真相的差距和差距如何形成、擴展吸收資訊管道的能力、降低看到似是而非資訊的機會等。

根據以上的目的，以分辨媒體資訊內容真假的能力為例，內容可由任課老師選適合的例子，也可以由學員提出，因為學員提出，更有以學員為主體的精神，參與度也較高。

以目前長者可能接觸的資訊來源，加上傳統媒體發展社群媒體，以及網路媒體和個人化媒體，這些分類可以介紹，也可說明基於各自不同的發展目的和擁有資源，可能影響內容客觀或真實可靠程度。甚至可以直接請長者列出他們各自最常使用的媒體平台和消息來源，這樣進一步討論更為聚焦。

然後一起來學習瞭解這些媒體的經營背景，和他們經常選擇的主題以及呈現的內容鋪陳方式。經過個人基本知識判斷和從媒體識讀課增加的辨識角度，長者真的可以慎重考慮一下，還要不要閱讀某些媒體，對媒體有所選擇。因為不選擇，就繼續接收品質粗糙、可信度低、趣味性高的資訊。

傳統媒體原來可貴，一部分在於較為嚴謹的守門編採分工。網路媒體原則上也可以這樣或應該這樣，但是當前因競爭有許多變化。為了彰顯即時，又足夠稿量，又要在幾乎數量無限的平台爭取讀者留意，部分媒體查證機制薄弱，轉貼轉述，還會從文筆標題強化，包括很多形容詞融入價值判斷的新聞標題。

例如「竟然」用得很多；或者問號為標題創造懸疑也避開法律責任和事實負責的要求；或者許多的「也有網友說」，沒有明確消息來源，甚至有消息來源卻可能杜撰，這些都可能發生。更不用說還有些積極投入網路媒體主張特定意見的群體，強力散播扭曲或偏頗的資訊。

過去新聞媒體很重視事實報導和評論分開，夾敘夾議要避免。現在網路發達，提供消息的人網路放入資訊的門檻低，不但有品質可議的「新聞」，還有標題宣傳意味濃厚的

「消息」。有的來自瞭解讀者心理而包裝，或者過於白話重複，也有的本於宣傳目的。

例如疫情新聞當中很多標題「世界都在看……」，和網路散播造成有些語彙本來不一定合宜，卻逐漸變成大家在用。例如感染疾病用「中鏢」，這是除了事實本體之外，另一種為吸引人而產生的訊息包裝爭議。長者是否應由於畏懼被社會淘汰疏離而跟進使用？或者把這種文法用詞爭議和新流行創新詞彙有所分別來整理一下？或許也是課程可以考慮的活動。

介紹媒體環境背景和平台分類，可以補充一下目前新聞媒體製作流程可能有哪些因素影響內容真偽？以及嚴謹的和不夠嚴謹的有什麼差異？

先講新人進用。我國在二十到三十年前，新進電視記者嚴選招募後養成最少四十天密集磨練，如今較少這種方式。又如我國兩千三百萬人，一般電視媒體新聞部約有十幾組到三十組不等文字記者搭配攝影記者。可是人口五百萬的北歐國家，一個公視新聞部的文字記者有五百到八百人之多，總以嚴謹可信為本，而非搶快吸引人卻不斷更正。產製人員少，不能成為品質改變的藉口，但要看招募素質、承擔製作負荷，以及內容取向和作業流程設計。

關於作業流程，以筆者實際經驗過的為例：以前在美國華府ABC新聞棚看政論節目主持人Ted Koppel的節目為例，辦公室有十三位研究員協助找尋資料，現場播出時，在副控有兩位緊抱著一疊法規書籍，隨時監聽以防止節目觸及法律糾紛被告，這可能在美國社會特別敏感使然。另外，美國有個頻道找臺灣媒體合作科學節目，要求每一句陳述，至少有兩篇期刊支持這個說法。國外還有媒體聯合投資的作業嚴謹與媒體倫理訓練研究中心，也是為了支持更有品質的內容，在現實環境能產生。

介紹媒體類別屬性、人員來源、作業流程，接著可以用具體內容為例。先看固定時間篇幅內的議題多樣或持續集中。世界上並不是只發生疫情一件事。議題重要和商業媒體用議題吸引維持收視，可能排除其他議題報導機會。有點像菜市場賣的水果是商家選擇最好賣的，集中那些種類，不表示消費者為了健康只應吃那幾種水果。延伸新聞排擠效應，或許可以請長輩分組模擬編輯來從不同角度討論主題選擇與編排，再重新對比商業台和公共媒體的編排選擇。這頗容易引起長輩的興趣，因為他們參與，能夠有機會表達。

除編排選擇，再看內容品質。例如網路轉傳一則外電，短短的標題說疫情發生，有的國家警察上街打人，尤其抓老人。畫面看來教人同情，覺得警察粗暴。但實際上從畫面左上方的新聞媒體來源來追溯，其實這是亞塞拜然的舊新聞畫面，關於選舉示威，而不是疫情後的故事，和疫情無關。我們個人不去散發扭曲的資訊，不表示別人不會。有的人有各種原因這樣做，可能因為權力、利益、種族等，誰下的標題其實完全來源不明！

又如國內一個政論節目說，「現代化的航空母艦打不沉，實驗連續打了幾週都打不沉」。對於成人學生，可以建議他們想想若由他們來找尋澄清疑問資訊，可提醒學員，該節目有交代人、事、時、地、物或引述消息來源嗎？或有無具體影像照片支持這種說法？學員想到哪些查證資源？用關鍵字找網路？還是先找兩位以上生活圈內瞭解此領域的朋友建議找尋方式？或許因此還有比較專業的朋友可以告訴你，廢船通常已經卸下彈藥排除存油，形同浮艇，與戰爭時不同。這導因內容可能不實的節目而多學些專業資訊。

由於屬於成人學習，基於學員擁有豐富生活經驗，也可善用這些經驗。一種方式是選擇他們在地熟悉的例子，進而引發更多反思。鼓勵他們舉出自己親身經驗的例子，例如學員中可能有人經驗過受訪和刊登播出不同或與預期方向差異的例子，也可以整理在地故事。

以南部樂齡大學為例，說明有的錯誤訊息可能來自一時無法證實的傳言。可舉南部學員較熟悉的故事，例如傳出砂石車司機撞傷孕婦想避免賠償而倒車撞死。實際上是民眾傳言擴散，媒體無法直接採訪到司機，只好引述民眾說法，造成群聚包圍派出所。最後由警方將肇事司機換警察制服混在警車才帶離派出所。其實司機並沒有傳言的行為，但是包圍事件後媒體焦點已經轉移到包圍是否演變成暴動。

以上內容引介可以給學員一些想像空間，接著的學習活動安排，或讓他們對比個人從事的行業經驗，來反思品質控制。例如和產品製造流程的差別，或者以後再有機會參觀媒體，能更瞭解如何觀察提問。甚至可以請長者組成小組來模擬演練產製流程，或可以用長者族群有興趣的資訊需求為例，讓長者選擇後當成演練搜尋判斷的主題。

▲ 媒體如多呈現健壯老年，可改變刻板印象。這是金門八十五歲長者在家人、護理師買筠菁支持而樂在芋田工作，其實很費腿力。

例如，許多人臨近退休夢想買塊地蓋個農場頤養天年。顯然這種想法早就有人有。可是先前的人的實際經驗如何？有的媒體可能因置入性行銷或吸引人而報導成功的例子，營造了人人可能成功的願景。但是買地只是開端，後續投資很多。而且有人想像植物種類多感覺豐富，其實多樣牽涉農業知識。若要商業經營還有更多挑戰。

投入農場的經驗，這些資訊去哪裡找？誰在報導這些資訊？到底一個系統學習圓夢的流程該是如何？怎樣才是務實？這種故事可以吸引許多長者學習使用媒體。因為符合成人學習原理，實用！更積極的活動，可能是如何發展更可靠的求知資源網。

一般來說，長者對國內資訊的判別比較容易，但距離自己生活圈越遙遠的越難判定。在早期傳播理論教科書就說過，海外特派員的權威可信形象可能高，一部分原因在讀者要質疑更難。過去遙遠地區的資訊靠通訊社，現在因網路，民眾自己可以搜尋。若平時多閱讀，涉獵更多關鍵字，則查詢資訊較方便。這一點或許可以將媒體識讀搬到圖書館戶外教學。

此外，值得注意的是，網路翻譯軟體越來越進步。鼓勵長者學習下載，練習使用，則拓展知識尋找範圍的經驗將是史上從未發生過。樂齡大學當中有外文素養者也不少，可分小組大家一起本於興趣去找尋更多以往較少接觸的他國媒體和機構網頁，進而做比較。也可以搜尋各國銀髮媒體，這是一種網路旅遊，擴展生活經驗，自然避免一直受困少數媒體資訊來源和爭議節目。或許大家可以一起找出不可靠的媒體並且說明為什麼。既然不可靠的資訊很多，為了減少傳遞，自己就要注意，不要轉傳實在沒有把握的資訊。

以上只是回應了一小部分長者提出的六項期待。如何根據基本課程規劃原理稍微推演。如能收集長者期待，本於理解長者處境、設定目標、選擇對應目標的內容和互動方式，考量成人學習特性，引導自我導向探索和對話反思，將比單向演講生動豐富，也比較有機會培養長者帶得走的媒體素養。

其實長者可以說出一部分期待，但有些他們表達期待時的背後訊息，有待教學者嗅出以做為課程參考。例如長者說資訊不明或政論節目如何，他們可能沒有直接說出閱聽對心理的影響。教學者或可引用社會心理學介紹人的情緒和集體情緒如何受到媒體影響的故事，來幫助長者自覺。例如有本英語書 *Stop Reading the News: A Manifesto for a Happier, Calmer and Wiser Life*，提醒我們，看新聞會消耗專注力，消耗多影響身心，但是大家常常根本忘記上個月的新聞，所以有必要看那麼多新聞增加身心負荷？這類書可由教師斟酌，用以討論和鼓勵反思每位長者的媒體使用經驗，也可能是很好的啟動媒介，讓大家省思以後如何接觸媒體。

國內目前有人創設假新聞查證活動。在國外，還有一些退休又有高等教育背景的人組成專門幫資訊困惑者解惑的服務團體，如以色列的 Yad Sara 努力建置關於醫學資訊服務。又如有些國家有刻意徵求夠老才能當員工或特別重視銀髮員工的媒體，未來也可鼓勵長者參與發展。這樣就不止是使用者，也可成為服務者，服務一般人，也以同理心服務其他長者，

▼ 媒體可提供不同條件者更多運動方式和樂趣。儀隊退伍的職能治療師邱震翔應用操槍經驗活化老人認知與肌力。

也能改善傳統媒體較少為長者發聲，或有長者的報導往往常是負面形象的情形。最終，幫助人口比例快速增加的長者，能基於個人安全、社會參與和個別興趣，透過高參與學習，養成更強的媒體使用能力來增加生活樂趣，不止當年齡的贏家，也當新時代資訊運用和交流的贏家。

本文寫到這裡的時候，又進行一次樂齡大學銀髮媒體識讀課程。本於以上教學內容加以驗證，結果發現，實用、

▼ 樂齡大學上課可就媒體內容多多對話，交流經驗，認識使用媒體方式而非僅被動收視媒體內容。

提升自己因應媒體環境而能過濾資訊，仍然是銀髮族最關心的。可是實際互動發現，新聞未必只有真與假這麼簡單。倒是學到解讀資訊要有資訊背景脈絡的警覺，可以幫助銀髮族降低焦慮和更有效應用資訊。網路流傳來自美國的研究，關於退休越晚死得越早就是例子，因為活在歐洲國家的就業制度不一定如此。另外，最讓長輩驚喜的，是學會網路翻譯軟體。許多長輩很高興從此不用完全倚賴別人來閱讀外文商品標示。換言之，學會新時代發掘新知的工具很有幫助。最後，是隨時代變化，人人要建立資訊諮詢的人際網路，預備一些找得到且有耐心解說的智者。因為知識太多、太廣，某些時候無從判斷還是要人來協助。這可能也是網路發達的超高齡社會安身立命的公民素養之一。

2/9 從北歐公視小編學服務價值

由於社群媒體崛起，和閱聽載具更新，傳統媒體意識到必須重視社群媒體。然而，社群媒體觸達快又廣，構成一體兩面，如同數十年前傳播學者施蘭姆所說，媒體如水能載舟覆舟，要慎重使用，現在社群媒體再次驗證這看法。病毒效應可以分享正向資訊，也能迅速散播不實或偏執觀點資訊。

一般來說，社群媒體被認為是新興媒體，從時間序來說的確如此。中生代傳統媒體主管對年輕人寄予厚望，其看法是年輕一代是使用社群媒體世代，可能比中生代更熟習如何聚集人氣，如同傳統媒體也不能忽略人氣為影響力。但也許得留意的是，不管年輕人還是非年輕人來主導，資訊散播到一般大眾，就是傳播資訊。選材和下標題，任何影響就是影響。

舉例來說，有個知名報紙，在其社群媒體傳達兩派政治人物的爭執，小編下了標題是「快拿板凳來看」，意思是看吵架好戲。或者大量使用「痛批」，這還不夠，還有「狂批」。這些形容詞和情緒性字眼顯然成為標題，很容易激化對立，遠離理性討論。或以爭議和避免責任的問號句招惹回應吸引人，還有「史上最……」，其實可能並無基本查證。

一般傳統媒體如果在原始載具經常出現這種言詞，讀者較容易選擇放棄閱讀、或不購買、或轉台。使用社群媒體，原則上也有選擇權，實際上包括臉書和LINE等滑來滑去很容易看到各種事後感覺胡謅的標題與內容。除非選擇完全不接觸，但事實上因為社群媒體平台本身就是不斷研發吸引人駐足不走，所以真要大家做到百分之百過濾篩選的「隨選媒體」不容易。這正是社群媒體特性。

冷靜來看，這種標題很聳動，有無達到吸引效果？可能有。但一個重視基本媒體倫理和社會責任的媒體，對其新聞標題的要求，大概不會等同公關公司發新聞稿一樣的邏輯。不管怎樣，為了吸引人，總還是會以內文為依據，或者所謂畫龍點睛。純用「快拿板凳來看」，呈現怎樣的媒體形象風格，值得斟酌。

為了全力吸引滑手機的人駐足，小編盡力吸睛，有的可能讓讀者覺得虛晃一招而有被騙的感覺，有的片面詮釋扭曲原意，類似的例子二〇一七年以來在不同傳統媒體已經多次引起社會議論。讀者各有立場來解讀社群媒體在所難免，但媒體生產端或可更慎重思量社群媒體的意涵和如何用得更彰顯新媒體的公共價值。

科技發達又非常重視媒體社會責任的北歐，近年也意識到這種小編影響力，因此非常慎重設立指引，希望熱情年輕小編能有所本而不失控。除了丹麥公共電視社群總編一再提醒諸位小編，吸引人的方式如果缺乏內涵只是激情化，則人潮來得快去得也快，於其中媒體可能逐漸失去可信度，這得很小心。另外，丹麥也鼓勵小編要根據主新聞內容，設計提供新聞背景說明，但以圖像化、互動化來幫助民眾按著需要和興趣學習新知，例如英國脫歐故事。丹麥公視研究過手機使用社群媒體，結合公共服務價值討論後，迄今至少發展有八種呈現模式，為手機讀者量身打造服務。

再者，由於中生代編輯正面相信新生代潛力，但又希望發展合乎媒體形象、倫理、有明確社會建設性的新表達模式，所以丹麥公視新聞部設立研發組，以十六天一輪的方式鼓勵所有員工提案實驗，七成組織內成員，三成外部成員，激盪創新。主管核案就執行，這樣主管把關但也在學習參與新觀念，共同建構下一代操作方式。

在芬蘭，這個以手機起家的國家，公視也早已注意小編職責，發展社群媒體指引。內容第一條就說，「以下內容是由負責任的編輯過目確認」，這已經在提醒價值觀。其後指出，經營社群媒體是因為公共媒體的服務本質，所以不能在社群媒體缺席。要重視社群媒體互動特性，與讀者共同創造內容，對於評論要由內部媒體專家回應。在社群媒體遵行和傳統媒體一樣的法律、價值和內容準則。

同份文件還說，主責設計社群媒體經營的員工，必須回答以下問題：

1 誰是訴求族群？為什麼這是必要的？

2 誰來維持經營責任？如何維持經營責任？

3 如何衡量成功？內容由最高主管授權社群媒體服務主管執行權責。

對於芬蘭公視所有參與社群媒體的員工，要記得：

1 總要想想你的行為如何影響芬蘭公視的信用。

2 慎重考慮你如何表達意見。你一旦使用芬蘭公視社群媒體，你無法在此決定讀者會判斷你是私人意見還是芬蘭公視的意見。

3 在各種努力情境給你的同事價值。你的同事和員工期待你在社群媒體表達的內容也考量到對他們有職業忠誠。媒體內部的事要保持在內部。另外，不能在自家媒體進行商業活動，例如出現產品商標。

目前芬蘭公視除小編指引，也如丹麥公視有服務創新機制，進一步引用《國家資訊公開法》，引用新聞主題和不同政府機關公布查詢系統，根據民眾需求不斷發動小型點選查詢機制，讓民眾有更便利簡約的搜尋方式，瞭解個別需求資訊和社會趨勢。例如房價、城市友善等。這對照芬蘭公視原始記者指引第一條，「媒體有責任讓大眾瞭解社會發生什麼事」而言，是一致的。只是在新媒體情境，本於服務設計研發方法，用更先進方式提供服務。

至於挪威公視，也在進行社群媒體服務更新。但創意來源並非只有內部，還有多個研發單位可能在採訪時順便提供意見。例如學者發現老人缺乏蛋白質很普遍，這可以影響肌少，增加跌倒風險。本於平等普及健康的價值觀，希望不只有錢人，而是貧窮者也能取得足夠蛋白質。

學者透過家訪，去一一翻冰箱拍照，檢查送餐使用情形，看到許多老人缺乏營養知識。大家口口聲聲說要在地老化，卻不具備在地老化的能力素養。因此考慮發展搜尋方式，讓不同健康經濟背景的老人，可以人性友善方便的鍵入自己條件，參考運算出來的建議。

若要再加上奧地利這種農業興盛國家的公視先前已經做過的互動計畫，媒體還可以透過民眾資訊交流，讓這種挪威人想做的網址增加方圓五十到一百公里範圍的在地食材選項。這些都是傳統媒體時代難實現的媒體公共服務。如果由商業媒體來做，在商言商，加上形象，較難取得公信力，難免讓人懷疑偏頗或置入行銷，這也是為什麼芬蘭公視強調避免商標出現的背景之一。

許多時候討論到國外經驗，有人會質疑國情不同難以類比。但社群媒體特性與使用正負面效應卻是許多資訊科技發達國家的共同課題。除了社群媒體影響民主政治等這些需要較複雜研究議題，有待學者專家貢獻智慧，提醒大眾保障和尊重彼此權益，如能從小編職務有所為有所不為先打好基礎，或許是社群媒體浪潮優先該努力之處。目前北歐各國公視幾乎辦公室窗子處處都是彩色貼紙，隨時在共同建構新的服務，還刻意透明化給不同部門路過同事，目的就在因應數位時代，用更快速的合作創新激盪，回應快速地媒體使用變化。

因此，未來小編可鼓勵自己，吸引人除了短線情緒方式，若有清楚價值指引為本，加上系統性服務設計方法工具，還可以有上述這樣多不同的服務創意。這樣，年輕創意無限，才更無限，也對社會有貢獻！

MEMO

UNIT III

人才培育——新進養成

Nurturing Workers for Long-term Care in Countries:
Culture Knowledge Methods

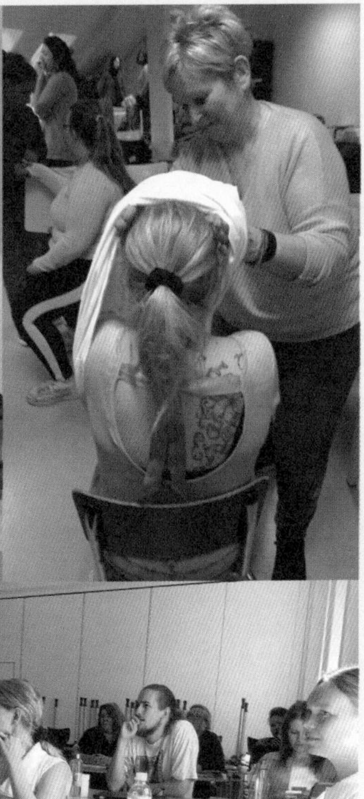

3-1 優質長照學習先有師培——歐洲發展

會留意到歐洲技職與高等師資培育更新，是因為自己投入老人照顧服務領域後，屢次發現成年學員學習受挫，可是許多講師似乎並無特別覺察而持續用既有方法和教材。以致學習流於形式，難以持續參與以增強自信，更不用說價值內化。眼見照顧經費一直擴大投注，但服務品質和服務方式難以與時俱進，未來該怎麼辦？

重複看到這種現象後，在走訪丹麥新移民職訓中心及足部照顧學校，再走入多個照服員學校，赫然發現該國對技職師資培育之重視，教學互動對人性化期待，教學科技有效支持自由快樂學習，尤其重視成人教育教學法。起先覺得也許是這個國家特別，但隨後在芬蘭、荷蘭、挪威也都看到類似的師培系統與師資要求，就知道這並非單一國家特別，而是與時俱進的發展。以下以丹麥為例。

丹麥從一九六九年建立職業教育師培組織DEL（Danish Institute for Educational Training of Vocational Teachers），後於二〇〇八年移往大學（Metropolitan University

College）名為NCE（Danish National Center for the Development of Vocational Education and Training）。之後擴展有五所大學提供職業教育師培，並不斷擴充。

筆者多次在此訪談學習。根據發展歷史，丹麥發現職業教育有三個挑戰，包含社會對職業教育的形象低落，基礎教育完成直接投入職業教育的有限，二〇一四年平均學生年齡二十四歲。其次是即使投入職業教育者，也有許多中輟，最多可達近半。再者是業界提供實習數量始終不符合期待。二〇一五年有四千多名學生無法順利得到實習合約，有八千人因無法完成實習而還不能畢業。這些數字看到挑戰，也看到教育嚴謹。

政界為因應時局變化和培養人才，擬定一連串改善計畫。包含教育部成立研究小組，職業學校成立類似我國教發中心的單位帶動改革，目的在提升教學管理效能和教學發展能力，支持老師們改善教學品質和幫助多樣背景的學生發展潛能。使老師們能記得教育願景和價值觀，確保所有老師有平等機會求進步，有效支持所有教師都能繼續精進教學能力。這些必須納入制度化推動，且由相關大學來驗證。具體內容包含如何幫助學生進步、以學習過程為本的教室與班級管理、支持學生創造共同學習、規劃帶領不同學生去找出潛力和學習需要、激發學習的方法。丹麥教育部還曾評估，有百分之六十四的技職老師需要這些幫助，來改善教學品質。

另外，修改老師培養規範與方法。因為老師素質是影響技職發展、技職社會形象、技職教育水平的關鍵因素！此處所指技職，包含科技大學層次，對象涵蓋青年與成年，知識領域涵蓋農業、科技、健康照顧、商管、烹飪等。二〇一五年全面提升技職老師教育水平，要求所有技職老師要有至少五年以上實務經驗，先前已經擔任技職老師者，二〇二〇年前必須去進修完成學士教育學位，含數學、丹麥語、外語能力。至於新進老師必須有學院以上教育程度，在獲聘後一年開始，且四年內完成教學法學程。

▲ 主責教學法學位學程老師解釋教學的知識、技能、態度才構成能力。

此學程每半年有連續六週課程，這六週內不可以去工作，以便專注持續達到效果。若正常參與，三年畢業，最長可以用六年。想申請這個職業教育教學學位學程必須已經是技職老師。換言之，被視為在職教育的一環。不會有先讀了取得資格放著，或來讀興趣的，這類浪費國家資源的事情發生。

教學學位學程包含六個模組。其中：

① **教與學模組十學分**：含課程理論、學習參與活動、教學原理與方法和科技應用、學習者差異化教學、學習理論與方法、教學溝通和關係維持、技職教育科學知識和教育概念。

▲ 主責教學法學位學程老師解釋訓練老師如同技職用三明治教學，學用合一。

2. **教育規劃與課程模組十學分**：教學相關法律規範、教與學理論和如何轉化用於課程描述與內容規劃、課程形成原理、技職能力描述、學習表現品質評估的原理與方法、教學發展需要的科技知識和技能、技職理論和實務互動及教學能力。
3. **教育科學模組五學分**：教育影響人與社會關係、各種人的特性、對人的理解、人的學習與發展、教育研究和發展的方法、教育專業的評估知識。

以上是必修模組，另有選修模組每個十學分，包含技職教育參與者、教學資訊科技、教育營運企業化、教育與學校國際化等。最後有十五學分的研究論文模組，這個論文模組必須要做獨立主題研究，其中涵蓋以上的課程設計和教學實踐方法和原理根據。

幾位在教學法學程的主責教授們說，培養技職老師過程的設計精神很像技職教育的三明治課程設計。目的在讓老師做為學生時，可以間歇性有段時間專注學習，然後又回到教學現場，如同技職學生現場工作，又回到教室。教學學程希望老師裝備能力，幫助學生發展技職知識、技能和反思能力。相似的，先要幫助老師對於教學具備知識、技能、反思能力。所以要求老師完成師培時，要能看到老師有轉用理論於課程的能力、對教育有省思批判的能力，能計畫和評估教學，能分析不同學生學習方式和支持他們學習，而且還有研究發展的能力，根據勞工市場的變遷而能調整改造教學方式來因應社會需要。

以上是技職教育老師培育，教育部主責這些基礎教育，至於帶領實習的老師另有教育系統，由各實務機構提供十天到六週不等的實習帶領者教育。尤其是社會照顧服務類別的實習老師，實際上就是指幼保、長照、醫院助理護理師等。類似要求和運作方式在歐洲他國也可見到，例如奧地利要求長照實習帶領老師要經過三百到五百小時研習，這些人選是由安養服務機構從每個護理區選出，以確保學生來實習能得到完整的引導，而不是在旁邊看隨機講解或者只是充當行政補充人力。因為實習經驗也可以影響學生對行業的認同，當然可以影響是否願意繼續完成技職學習和就業。

二〇一三年丹麥國家教育研發機構（The Danish Evaluation Institute, 丹語縮寫EVA）特別重視技職教育機構和實務機構的互動，認為教學和實作單位若無良好互動，對學校和實務界都是威脅，所以提出許多方式建議老師們如何增強與實務界保持聯繫和良好合作。二〇一四到二〇一五年創設新制度，讓老師有機會到業界短期進修，理解業界發展和思維，幫助老師跟上腳步，掌握第一線到底走到什麼地步和往哪裡去。地方政府的研發組織則持續監控到底以上這些努力對於技職教育學生中輟率改善多少，不時回饋給教育界和實務界參考，也就是到底有沒有吸引更多年輕人和成年人願意投入技職學習。

介紹以上變革，可明顯看到，對策是根據挑戰一一擬定，非常連貫整體，用了好幾年時間持續，重視人味和人的差異與感受，真是當人才來培養珍惜。接下來補充一點實際見聞，或可讓讀者更有臨場感受。分教室現場和實習現場兩部分說明。

關於教室現場，由於以上預備，老師對學生學習可更掌握，以便一路支持學生盡可能處於高參與學習

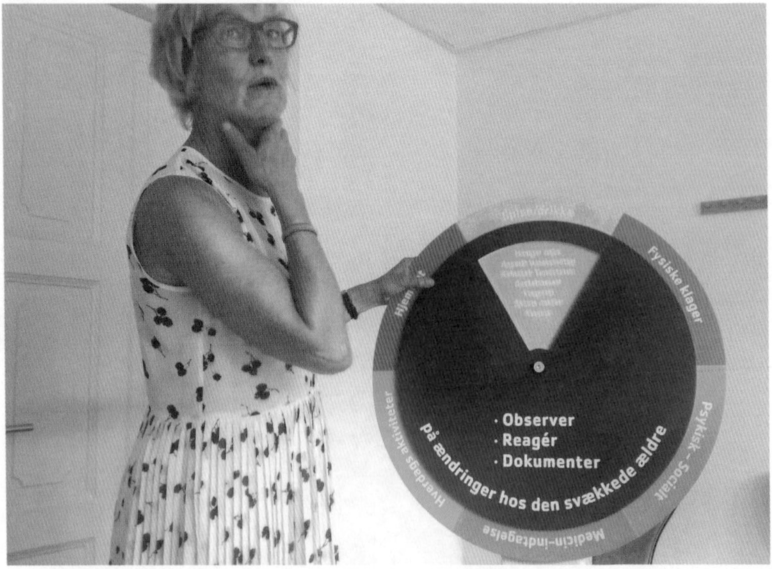

▲ 有教學訓練幫助，社區復健治療師能研發咀嚼吞嚥和營養個案對照訓練教材。

和整合所學。所以不只學技術，非常重視溝通能力，有效表達和提問，也很重視整合知識的能力。以照服員養成為例，學生在每個模組課都會考核，幾個模組後考核學生是否能有效應用先前所學。例如老師在基本照顧模組、備餐模組之後出題問某老人拒食，如何處置？同學得自己寫幾天研習計畫，然後實行，之後回班上報告，根據哪些知識所以認為要如何處置（生理特性、失能處境、用餐氛圍、用餐工具、食物處理……）。相似的教學目的，在比利時則鼓勵學生建構服務要考慮的面向。例如家事清潔模組，要同學共同建構經濟、安全、環保、生態等各種考慮和具體作為，才去實習驗證。因為每個服務現場不同，這樣可以幫助周延的思考。營養模組一開始不教營養知識，劈頭就先要大家研究為什麼許多人已知的保健知識都不能遵守？這些都是典型的成人教學法，重視反思、善用成人經驗，學了對能用有感。

至於技職課本，不一定會一章章逐次教，更不會拿起來照唸，而是學生要學會自己翻閱整合。這就是要求有基礎教育的原因，也是配合以後社區照顧常常需要獨自面對不確定性問題的覺察、反思和行動能力。學生學習所做的必須是有根據的，而且不斷磨練溝通表達，因為這樣到了服務現場，面對被照顧者和家屬，才能因知識和能力與態度取得信任降低衝突，展現專業的尊榮（professional pride）。

至於學校硬體和教學內容，除基本能力，非常重視新知和新器材使用。老師說，學校用最新的觀念和設備，目的在當學生實習時，就能自然的把最新的知識帶去實習單位交流，也幫助實習單位的在職者受到良性刺激，當然也增加學生的學習意願。而不會變成學生去實習想提問或建議，被實習單位在職者忽略或冷眼漠視對待。

至於實習時間和實習方式，丹麥與周邊的國家各有特色，但總是秉持如何激勵學習動機和保持持續反思以及鼓勵應用所學，和合作找到更好的服務方式。丹麥和芬蘭是課程模組一段時間學習，然後實習一段時間，所謂一段時間是十星期不等。比利時則每週兩天教室三天現場。挪威青年學府是兩年學校兩年實習，成年人則平時都在工作搭配數位學習，畢業前有四次各一週面授。實習後的考核各有特色，芬蘭要求精熟流程、善用工具、能應用課堂所學、具有終身學習能力，而這四點又要看學員是在團體中，能獨自、還是不但獨自且能創新。挪威則術科考核面試還會問學生自評，學生要說出根據所學，自己認為實習考核中有哪些事做得不夠好？

這些技職體系也都很重視學習支持（learning support）。學生除了學知識和能力，老師還要持續瞭解學生整體的困難，以全人照顧的理念來支持學生突破障礙。學習支持實施方式可分學習預備和學習期間輔助反思，以及個別諮詢。例如移民增加，丹麥老師用帶領移民背景學員參觀國家館藏名畫，瞭解歷史，告訴學員，現在丹麥富裕進步不是自古如此，而是大家一起努力，歡迎你一起加入！又如幼兒園老師協同照顧服務學校老師合編生活適應教科書，幫助移民背景同學生活自我管理，以便無後顧之憂來學習技職。

比利時老師則在聽取實習報告後要學員彼此訪談，反思原生國對老年和身心障的看法，以便理解各文化差異和比利時的不同，從內在建造幫助學員預備心境。學生雖然主要是來學照顧服務，但是帶領學習支持的老師是成人教育出身，而不是限定護理、社工，以便廣納專才造就學生。因為這是學習問題，不是專業知識問題！

如同丹麥照服服務學校老師所說，丹麥和他國相似，技職體系學生多樣，也有很多家庭遭遇不幸、社經地位不高、自我形象不佳、移民背景、自我管理能力不好，各種人都有。但學校努力的，就是透過老師進步影響學生全人提升，讓他們完成學習的時候，人生變得不一樣！

3-2 從小學生到照服員——北歐混成學習

在冠狀病毒流行後，遠距學習、數位學習成為替代群聚學習的方式。使用遠距和數位當然不是只為了解決感染風險，還要設計適合的學習方式，確保學習動機和學習效果。除了老師覺得滿意，還要看同學是否快樂學習，得到支持而願意學習。

關於傳統教學方法，國內中小學教育界經年累月已有豐富知識。過去限於科技和要顧及數量龐大同學，加上升學主義社會價值影響，實施限制多。現在比以前科技發達，學生數較少，原則上彈性更大，實現有效遠距和數位學習的可能更高。但實際上能做到多少，要看教師能否掌握數位學習的優點，針對課目要傳達的內容與培養的能力，有效給學生機會。

換言之，如果只是把實體講堂的板書單向講解，錄下來或者現場播放，這仍然是單向學習，而且同學並未獲得可以隨著個人不同步調學習的機會。即使老師講授告一段落，透過螢幕問大家有沒有問題，若無很好的教學設計，這時就會看到鴉雀無聲，停頓浪費時間。這種情形直到二〇二〇年防疫期間，依然發生在臺灣的大學教育。國內固然有少數學府在示範觀摩時表現出色，然而更值得關切的是，真實教學現場，有多少運用數位科技能促進學習效果？

更重要的是，數位學習有無走向解放限制，使學生能更專注、有學習成就。二〇一五年前後到二〇二〇年，筆者多次訪視芬蘭、挪威數位學習，有些印象很深的經驗或許可於此交流。在芬蘭高中的數學課，學生來到教室很像來自習。幾人一桌，大家可以自學也可以幫助別人。老師不寫黑板，也不需要要求大家一直看著老師來管秩序。因為同學的手機和電腦都可

▲ 芬蘭小學生解說她背後的個人學習計畫和目標達成表，不需要和別人比較成績。

以叫出個人的學習進度和內容。

老師一次給學生兩週左右的份量，同學嘗試達成。有的人比較慢，有的人可能很快，無需比較，人人確保成就感。老師非常敏感的注意同學維持成就感，認為這能激勵學習。電腦有個人可以測試的試題，等到覺得時候到了就可以自我測試。測試可以立刻告訴學生是否達到本階段學習要求，或者還有哪些部分需要努力。然後同學可以針對需要努力部分繼續練習，老師則把更多心思花在學習有困難的同學。

▲ 芬蘭高中數學課，學生互助和自學而不是來陪讀成績好的同學，老師巡迴輔導。

老師觀察發現，這樣的學習方式使學生更少遲到，更願意來學習。過去，因著個人領悟力和專注力不同，以及對特定老師表達方式的吸收差異，仍然會發生許多人是陪讀的處境，若用一樣的步調，即使形式改為遠距，只是實體陪讀變為遠距陪讀而已。學生能夠自由學習、自願學習重要。老師發現，給予學生更多自由，並有適當輔導，更多學生願意學習。即使一開始玩玩電動，但多數會轉向學習，因為不需要逃避而打電動。

在芬蘭小學，老師上課時講十分鐘，因為小學生耐心有限。接著學生可以自己去想去的角落，甚至教室走廊。每位同學知道自己的進度，可以彈性的選擇今天想學的課程。老師說，雖然芬蘭在如 PISA 等多種評比名聞世界，但學生到底有沒有快樂學習才是老師關注的。若能快樂學習，才可能學到學習能力。數位學習給同學更多彈性，使同學來到學校有更多時間可以和同學互動。

近年有效的數位學習常常以混成學習方式實施，也就是數位學習只是學習形式之一，搭配面對面互動和其他操作型學習活動。芬蘭小學學生在筆電看到自己的作業，按指定進度拿起課本搭配學習。這樣，課本章節並不是用來當教學進度，而是用來查閱。老師說，課本容納內容很有限，課本用來幫助學習方法和一部分的基礎內容。查閱之後，將再回到網路，學會尋找整合更多資料完成作業。同一主題在數位教學資源中有不同套餐，同學可以自我挑戰。

學校教室後方的牆壁，有許多同學的學習方格表。學生達到每個階段的要求，自己去塗上圈圈。但每個人的進度不同，所以不會產生到處比較的壓力。這種自在的學習落實個別化，使得學生更專注、自主、負責。同一教室，的確可能一群同學同一時間學習不同科目。老師和高中老師一樣，把心思花在個別需要輔導者。老師說，這種方式使老師拉近和同學的距離，因為都是一對一。

數位學習是工具，要善用得考慮教學對象和教學目的。中小學許多課程目的在建立基礎知識，鑑別也隨之設計。到了成年人又有不同考慮。例如，成年人有豐富生活經驗可以融合增強學習反思，成年人學習目的注重實用於生活或工作。而且有些成年人需要忙於工作，或者因為一些因素不適合長時間固定於教室學習。還有些課程的參與者學經歷與文化背景差異，可能影響個別學習效果。數位學習可以幫助他們，但有賴精細的設計。

挪威首都和北極圈更北的北緯七十度都有學習長期照顧服務的學生，他們有的從古巴、菲律賓、俄羅斯、波蘭各國家移民來，在原生國教育水平不一。挪威有國家老年健康研發中心委請大學設計數位平台，照服員課程以主題模組設計，例如衛生、排泄、溝通等。每個模組課程在數位平台都搭配有閱讀文獻、網路連結影片、實體課本和參閱章節。

課本基本上和芬蘭相似，不是用來控管進度，而是查閱。而且有可能要求同學根據主題判斷，自行查閱不同課本和章節來找答案。例如不同的照顧都牽涉溝通，課本有溝通專書，但在安寧照顧模組也要同學想到溝通。

照服員全國課程有五位核心老師當各地各期班別的導師。因為所有學員平時都要到安養機構上班，所以學習方式設計為一年半到兩年之間，平時每位學生和導師約好學習進度，在教學平台進行。老師定期詢問學生，學生根據工作心得和數位學習進度來回應。回應平台有兩種，一是全班公開，這樣，同學可以彼此參考別人的看法和經驗。另一是個別，只有老師可以看到同學的回答。

從一般課程設計來看，老師要考量學習者處境、學習目的、教育性評量、內容選擇、活動設計和總評量。挪威這套方式很容易看出本於這些原則，使學生能按著自己的生活步調，結合經驗和讀本反思，並能在學習過程保持有效學習和高參與學習。老師解釋，這種方式降低學生壓力，但學生要重視承諾。

搭配平時的數位學習，一年半期間有四次全班聚集，每次四到五天。有些需要同學互動交流增加學習效果的課程，例如角色扮演、演練正向心理學、擬定個別化照顧計畫，還有照顧臨床實習都在這四次面對面。同時，面對面課程時，老師還有輪流請同學面談，進行學習諮詢和學習支持。這樣，老師對遠距期間同學的表達和生活處境更能掌握。

由於閱讀文獻、影片、實體課本與實務經驗，還有老師持續於線上諮詢提問，交互搭配，同學不僅知道要做什麼，更知道為什麼。這對激勵成人學習非常重要，當然，也有助同學工作自信。評量時，同學一再被要求重複整合先前模組的內容來因應更複雜的個案課題，而且要自己翻課本整合知識，要在實習後面試時說出自己

▲ 丹麥護理大學照服員班老師 Heidi 解說混成學習線上課程如何有趣又符合職務需求。

照顧採取方式的根據，更要能說出自己有哪些地方沒有做好，這樣反覆磨練內化成為能力而產生專業素養。

以上過程顯見數位學習方式很多，有些可以單純由數位平台達到某些學習目的。但也有非常需要整體設計。而且老師不但花心思在課程設計，還要費心於平台經營，能看得出同學的程度差異和怎樣支持他們。當疫情使數位學習更受重視，有可能幫助許多學習者，但也可能在不適當的設計下流於廣播教學，若是如此，則不能幫助同學專注、互動和激勵學習。

數位科技本來是中性客觀，但各國起始家庭教育和文化價值不同。教學者若希望達到效果，得考量學習者是否具備基本學習自我控管能力，如何給他們自由但也維持學習進行而且有趣，這還有賴更多教學者一起依照在地學習者特性，給予最適當安排，才能避免造成更多數位落差或者學習遲緩，將數位科技正面效益發揮極致。

3/3

培養優質照服員——挪威

引言

因為文化差異和永續經營，臺灣應培養更多本國照服員，不能倚賴保守估計已達二十六萬人的外國定期契約、非合法移民的看護。照服員可在醫院、日間照顧中心、居家服務、急性後期照顧，及安養養護機構等地方服務。

這種職務承擔全國長照第一線守望預防重責。但過去訓練多而投入比率低，有的訓練班投入低於一半以下。等於政府花錢訓練，效益有限，甚至有些根本不打算去從事專業照顧的人也可以參加，或者只是要照顧特定疾病家屬的人也在其中。影響開班學習氣氛非專業公共服務導向。

廣開班讓培訓數量很好看，實際上無補欠缺的專業照顧者，而且不斷耗損公共資源用來挹注以上學習的正當性也容易有爭議。但臺灣照顧需求一直增加，怎樣強化照服員培養和訓練後能投入，成為重要課題。

同是老人國的挪威，有嚴謹做法。過濾適當人選，用成人教育方法全心栽培，強化基層服務素質，讓投入者感受到專業，有良好社會形象。展望未來，資源有限、照顧需求迫切的臺灣，實應盡速正視基層人才養成。因為這是一切長照政策成敗關鍵！

▼ 挪威照服員班課程重視分組交流省思學習設計，先建立健康的自我再投入職場。

本文

過去十多年，從醫院看護到社區照顧，我們逐漸發現需要照服員，而且感受到未來這是基層長期照顧骨幹。然而，人才養成方式始終停留在「他們層次比護理低」，和其他工業技術職訓相似的職訓培育思維，用接近補習班和青少年教育方式進行。

實際上就業者往往多半是成年人，生命經驗、學習心態、學習困難易被忽略。照服員訓練制度是用一百小時結業，教室與實習約各半，卻期待他們承擔很多超過那種訓練的職責。

另一方面，因為高學歷迷思，五專逐漸減少，大學設了老照、老服、長照相關科系，號稱培養管理人才，但實際上許多學校因少子化求生存，無法篩選要求學生。更因不同的大學對長照認知不同，分別屬於不同學院，而有差異很大的師資群，和能同心整合作育英才的教師互動理想關係，還有很大努力空間。這對補強實務職缺人才幫助有限。

以上正規教育和成人班還有共同弱點，即並無提升專業教學法的老師培育計畫，也無適當進步的教材，常常就是不同老師、不同規格的簡報檔和模糊黑白照片影印裝訂。加上實習鬆散，導致即使學員結業，不一定感覺出專業尊榮和學習價值。還有照顧服務員單一級技術士技能證照，也僅僅以若干單項技術考核，無法鑑別思考規劃和長照最重要的溝通、觀察能力。遑論深層價值倫理省思素養。

以下是參與挪威照服員部分課程完整訓練後，比較先前在丹麥、芬蘭、荷蘭訪查，整理出挪威訓練特色，希望對國內未來照服員培養有些幫助。

挪威事實上並沒有臺灣這種訓練一百小時就上陣，被期待不只做打掃清潔業務，還要接受更多生活照顧，甚至基層醫療工作的照服員。挪威相似的職務起跳就是基層健康照顧者（Omsorgsarbeider）。來源或可分高職和成人班兩類。高職是十六歲後可讀，若是從事所謂健康照顧服務相關工作，則要讀四年，前兩年主要在校，後兩年都在實習。初期養成時並非只針對老人照顧，而是各種年齡的身、心、精障都包含，所以畢業可能出路也廣些。可能在兒童早療，也可能是老人安養，也可能是身心疾病復健中心，也可能是年輕身心障永久居住的住宅照顧者。

長達兩年實習讓學員有充分時間和經驗，省思未來真正興趣所在。從一開始實習，逐步降低在校時間，但定期要向老師們一對多正式簡報，以便確認學習品質。足夠裝備、確認意願，然後投入職場。

除高職，另一人才來源是成人照服員班，如國家老年健康中心（Aldring og helse）所開，另有不同地方、不同制度成人培訓班。例如在石油不景氣時，也曾開過白天擔任照顧助手，夜間學習照服員的課程，用較短時間完成最基本健康照顧能力，但能做哪些工作有嚴格規範。以下介紹國家老年健康中心的一年半訓練班，這種班別和成人班訓練時間更長的他國相較，對臺灣現行訓練方式和未來研擬改善頗有啟發。

在挪威，各地都需照顧人員，加上人才培養理念，容許完成基礎教育、從事過其他行業的人投入照顧服務。這必須其服務組織有專人帶領輔導，可擔任一定範圍生活照顧，而且多半如半職幫手。除非做得夠久，得到充分信任，可能有全職機會。

這種非全職幫手型照顧者累積兩千五百小時經驗後，可申請國家老年健康中心開設課程。一旦通過測試，並累積到八千五百小時實務經驗，可得到證書，更有機會轉入全職，或轉往其他照顧工作。

國家老年健康中心從各地方政府刊登招募。如有人想參加，得所屬機構主管支持，並在同機構找到輔導者，通常是已經參加過前期班的，或其他資深同事，於此人一年半學習歷程中幫助此人。

實際上參加的有居家服務員，有身心障機構照顧者，還有老人、唐氏症、自閉症等各種機構照顧者，及邊緣兒童青少年之家的舍監。有的人其實已經有全職工作，不需要靠這訓練班謀職，但為自我提升，還是爭取參加。

訓練班從二〇一〇年在全挪威開班，每班三十五人不等，從南部到北極圈以北數百公里都有。老師從首都奧斯陸或工作地點飛往各地，訓練幾乎沒有城鄉差距，每個訓練據點供附近鄉鎮學員參加。

截至二〇一九年，共五位主責老師分工負責挪威首都與北、中、南、東各區，每區一年兩班。因為限定有投入職場經驗的在職者，所以不可能出現臺灣過去那種運用公帑，卻有很多人是「來學個經驗」、「來瞭解瞭解」，或「職訓中心叫我來才能領補助」，或只是為了解決自家問題而非要投入公共服務的人。而且因都有實務經驗，容易交流而加速成長。與丹麥、芬蘭同質訓練相較，丹麥、芬蘭是有人想學來報名，政府會有若干補助，支持他們如上班一樣來學習，學完去就業。挪威學員則是已經在就業，顯然願意從事這種工作的人，政府幫助他們。已經在工作，有些薪水，同時由政府全額支持他們繼續學習，轉成更專業照顧者，又不影響工作，甚至學習效果更好。

由於學員都是要工作賺錢養家或忙日夜班，又離開正規教育一段時間的成年人，要好好幫助他們有學習效果。所以學習制度並非短期密集快快弄證書，也不是當以前的中小學生來填鴨，而是設計一年半成人學習方式線上學習和作業。國家老年健康中心派有班導師負責線上回應引導。

使用課本和高職四年制完全一樣，包含健康專業知識兩冊（*God Helse*）、照顧專業說明（*Yrke*）和溝通（*Kommunikasjon*），晚近另加營養手冊。其中溝通課本是臺灣最欠缺的教材部分。線上教材由Tromsø大學支援設計，把許多醫學專業知識轉成進入門檻很低、可以循序漸進到基層照顧者需要具備的範圍。

一年半學習期間有四次聚集，每次四天到五天。搭配適合碰面集體學習和分組互動學習的主題課程，與個別學習和生涯諮詢，協助各區成立支持共學群組。課程包括各種長照疾病深入介紹，學理、病理、倫理教學影片，小型生活體驗與反思，與學員深層自我價值內省，和如何用於生涯，還有統整學習後的期末筆試與技術考說明和練習。

老師表示，目的是透過這訓練班，學員從此不但知道怎麼照顧，而且可以得到新知

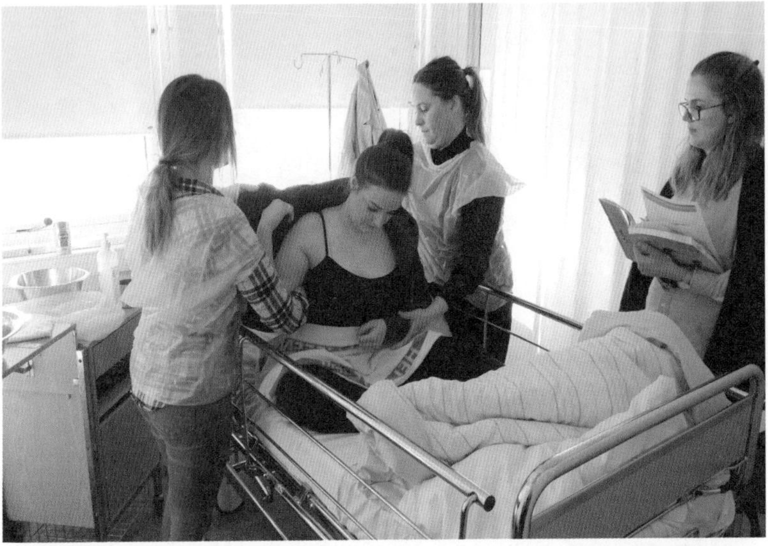

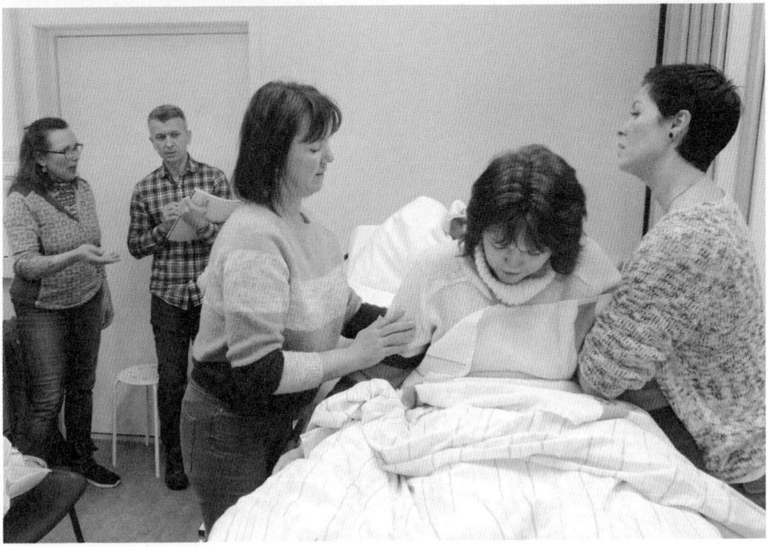

▲ 挪威照服員課模擬術科考試，同學輪流當考官，老師在實習考官旁觀察有無落實。

識。更重要的是，知道為什麼是這樣而不是那樣！觀察反思和溝通互動能力，具備初級評估而有設計完整照顧計畫的素養。因為在真實處境，最常需要，也是基層照顧最被期待的是這些。才能確保全人思維和及早預警，達到預防疾病和增進福祉目標。

學員在四次面對面學習期間，可提出期末筆試申請，有把握的可以提前考試。一次考五小時，在個人所在服務縣市進行。內容來自老師提供個案，學員根據所學，設計完整個別照顧計畫。為幫助學員，四次碰面之間，老師不斷幫助學員遠距練習，就像臺灣教授幫研究生改論文那樣，逐次標示哪裡寫得好和不足。

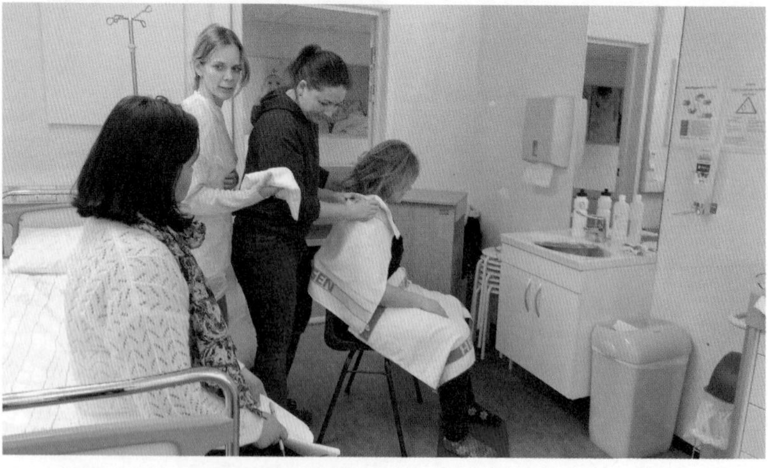

▲ 術科演練，有人脫離腳本引爭議，老師態度開放，認為可能發生，就增列探討。

透過這種學習歷程，體察照顧主要挑戰，發掘客戶優勢和資源，設計完整照顧計畫，而不是單點建議，更不是抄書回答。老師說，因為這不可能過關。

筆試不打高低分，只有通過或不通過。通過後，還有三天實務考試。不只考技術，而是要學員能思考、規劃、執行。方式由學員所屬單位主管協同課程導師和兩位受測者所在城市訂有契約的考核者，一起篩選挑三位適合的，徵詢願意被學員照顧一天的失能、失智真客戶，不是那種訓練過一天的假病人。到了考試當天抽籤三位中的一位，告知受測者，這位客戶資料。考核者為護理師或照服員，一簽約是四年，每年有十二天投入考核。受測者事前完全不知道誰會擔任考核，有的縣市區域可能因登記有案的考核者總數不足而影響受測者要等幾個月排隊。

受測者在三天實務考第一天就針對這客戶好好思考，運用課程知識根據來擬定一天的照顧計畫。第二天一早，受測者會在機構辦公室與會議室取得客戶前一天真實的交班紀錄，瞭解後調整昨天寫的計畫，去找客戶。從一早問安到備餐，開始一整天照顧。兩位考核人員都保持沉默，保持距離來觀察。若洗澡之類，甚至在門外開門縫小心的聽溝通，以便瞭解受測者的應對態度、言語和應變能力。

學員不可能死背一句「張先生我現在幫你洗頭」，然後洗頭前自言自語照唸就過關，因為與客戶相處是一整天之久。如果當下學員認為要陪伴聊天和帶領活動也可以，因為真實照顧可能需要如此。考核者也會遠遠的看受測者如何掌握進行，這就和單純考移位或餵食的技術很不一樣。

第三天，考核者會針對昨日考核紀錄，一一詢問受測者為什麼這樣做？為什麼那樣說？有什麼依據？目的是輔導引導，也要確定受測者有無落實自己擬定的計畫，有無足夠覺察敏感度，有無尊重的倫理意識，能否與人良善溝通。

搭配以上這種實務考，在四次聚集的第三次與第四次，都安排練習。有的在醫院，或借用學校實習教室，練習量血壓、移位、讓客戶保有自主的基本清潔等。然後老師出個案練習，同學要分組練習，大家輪流。每組有兩位擔任照顧者互助，另一位當客戶，還有一位擔任觀察評核。

以上學習設計，沒有人可以「做個樣子」過關，也不能說「我不會寫」、「我就是不會考試、不會寫作才來當照服務員……」。老師表示，聽、說、讀、寫和數學都是基本能力，這訓練不是在訓練聽、說、讀、寫，但要能用這些能力完成作業，不然不能畢業。

一年半學習完成後獲證書，之後還可銜接國家老年健康中心另有專家整理數百位實務經驗者累積討論出的進階教材，包括更深的生活照顧規劃、系統性失智照顧等多種課程。每種一年，各地跨領域長照人員每八人成立讀書小組，每月一次聚集，要讀完進階教材大手冊的一主題冊，來討論反思轉為工作改善問題的能力。用這種方式持續增強照顧者合作創新能力和態度倫理素養，以因應不斷增加的照顧挑戰。

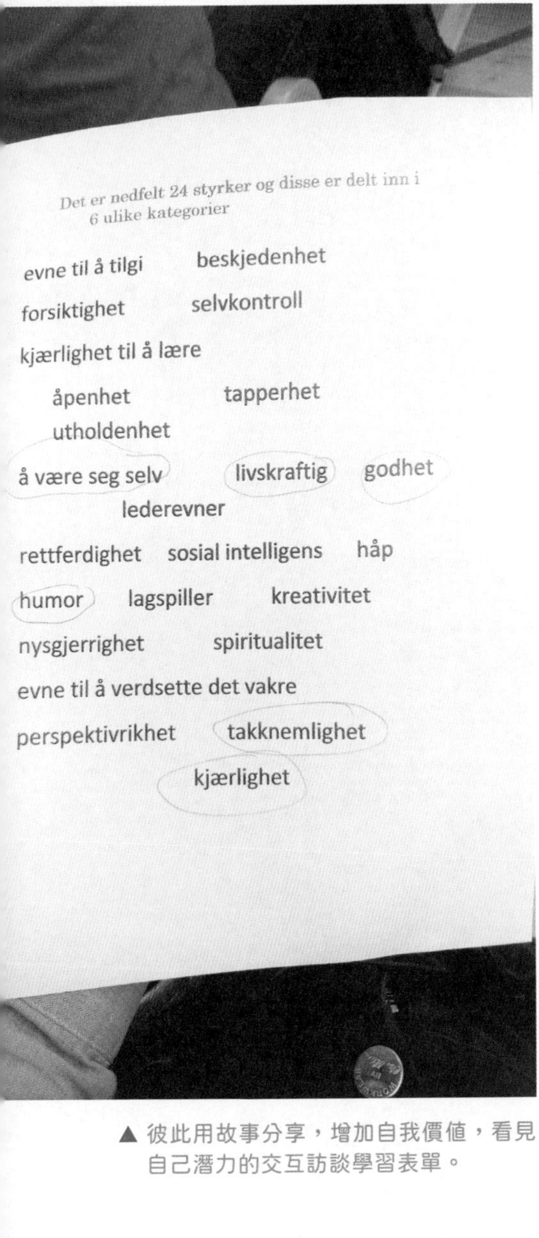

▲ 彼此用故事分享，增加自我價值，看見自己潛力的交互訪談學習表單。

3/4

北極圈看偏鄉照服員培訓

引言

二〇一九年五月在挪威國家老年健康中心拜訪，聽聞他們自開成人照服員學習班，而且幫助很多學習有困難的人能夠成為專業長照尖兵。聽來很吸引人，因為臺灣老是面臨訓練與缺額問題，挪威居然能這樣做，是真是假？而且他們在北極圈以北七百公里也一樣開班。臺灣經常聽到所謂偏遠長照資源不足，北歐北部有的村落動輒相距兩、三百公里以上，不是更荒野嗎？怎能進行長照訓練？二〇二〇年四月遠赴當地一探究竟，有些故事或給我們更多不同思考。

本文

挪威國土狹長，挪威人常比喻，把南到北方的距離從首都反向往南延伸，都到義大利羅馬了。筆者拜訪的地方正是這樣遠的北方小鎮 Lakselv，人口四千，已經在北極圈更北五百公里。然而生活水平不如想像有很大城鄉差距，實際上首都奧斯陸有的大超市這裡也有，各種魚肉、蔬菜、水果、啤酒、貓狗食物、洗髮精等樣樣俱全，而且價錢沒什麼差別。學校基礎教學設備很齊全，醫療中心、急診室、護理之家、日間照顧中心也是，而且這幾種單位距離很近，容易支援。這是第一印象。

短短相處一週，沒聽到人抱怨中央政策這裡不適用，主因可能有部分在決策嚴謹而且參與度高。當地人不約而同的說，立國重視平等，不能期望什麼都和首都比，可是生活在這裡夠好，不認為一定要去大城市才能發展。

政治不是本文重點。值得思考的是，究竟怎樣的資源分配和經營理念，可以讓一個國家四處生活水平與求知資源差距如此小？能如此，當然人口外流造成缺乏人手或整村只剩老人的長照困境的機會較低。

談到長照人才，與其他挪威地方相似，這裡高職有很多科，包含救護科和照顧服務科，使新一代人才不斷層。誰想讀這些科？遇見好幾位中年護理師，他們的母親是護理師，孩子也打算投入照顧服務，並非因為考不上別的科，也不是沒有別的出路。他們一再強調很希望做與人接觸、幫助人的工作，認為醫師是看病，照服和護理更貼近對人的照顧工作。從表情和已經陪同家長去服務，看得出這是教育養成的想法，而非違心之論。

照顧工作當然不是輕鬆行業，但看起來在這裡是個彼此肯定尊重的選擇。護理之家看得到實習生穿梭，也有很多恐怕比住民年輕不了幾歲的護理師繼續服務。隨人口老化，照顧者培養數量跟不上需要，因此也有不少難民或移民投入照顧服務工作。他們原生文化語言不同，但是有完備的語言課程，到參加照服員訓練時，和本地學生一起，內容和要求一樣。

在Lakselv這樣偏遠，看極光不用找方向的地方，很多人從挪威最北方各區翻山越嶺趕來。學員有的要整夜開車，真的很遠。而且風雪一來，天地白白一片如煙如霧，什麼都看不見，有時幾乎分不清路在哪裡。地上還可能結冰，要仔細看，往往只能停下等候。鄰近城市可能相距一百六十公里。

開長照訓練班一樣重視上述基本價值，並於細微處徹底教導確保傳承。他們通常是幾位核心老師四處巡迴，還有當地在職護理師當協調人，確保所有訓練班有一樣的品質，也就是該教的，一定都要教到，而且輔以耐心激勵。以下從幾位老師上課情形舉幾例。

九年前開始負責成人照服員班實務練習計畫的 Marta 老師，上課播放挪威公視 NRK 到挪威位在首都奧斯陸最有名的安寧醫院 Louisenberg，製作安寧照顧節目（Helene sjekker inn）。這節目由記者徵詢病人和家屬同意後，用參與觀察方式追蹤不同患者面對死亡，一直拍攝到屍體護理。

記者在不同場合向患者、家屬、醫護人員提問，引導觀眾更理解臨終照顧的每個環節。有的人坦然接受死亡，有的不能接受，這影響如何照顧，和理解病人的不同期待。學員雖非都從事緩和醫療，但老師認為照顧身心障也好，老人也好，都免不了面對死亡，只是早晚。所以這是必有的準備。

Marta 用影片勉勵學員多面向思考，甚至細微到去客戶面前從事生活基本照顧時要留意，不要一下子在他旁邊，一下子又離開他的視線，這樣來來去去。要一直在旁邊，讓客戶覺得得到陪伴，這就是照顧。減少失落，不會覺得獨自面對失能和死亡，有安全感。

Marta 另負責感控課程，把戒指、手錶、手套等各種小地方可以帶來大問題的因素一一介紹。不但指出各帶菌媒介，還引述研究介紹每一種風險的具體數據。還播放挪威國家老年健康中心特別設計的各種影片，1把病人到醫院，所有醫護人員與病人互動流程中包含問候、檢查、移位、用輪椅等，各種可能發生感染的接觸，剪接成特寫播放出來。讓人印象不深也難，這正印證老師們一再強調的，要讓學員知道專業工作做什麼、為什麼，以及輕忽的後果。

Marta帶大家去實務考的考前實習時，每四人一組，其中兩人當照顧者，一位模擬個案，還有一位負責觀察記錄，大家輪流。沒有人旁觀或不知道該做什麼而浪費時間，大家很自然學到不同角色的感受，更學習觀察和溝通能力，這兩樣是老師認為最重要的。

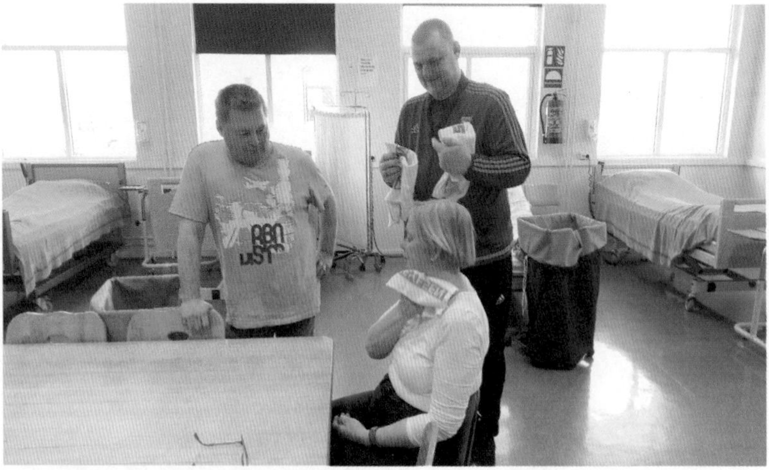

▲ 同學因其他人動作快已下課而無人可對練，老師當患者給同學一直練，同學感動。

學員按先前所學操課，有很多重要環節要檢驗。例如該有動作、使用時機。例如提供給老人擦臉的毛巾怎樣折，照顧者自己幫忙擦要怎樣折在手上來使用。又如為病人擦洗時要穿防護衣，大家知道，但必須在該穿的時機就穿。還有全程絕對不可有任何理由讓洗臉盆之類工具，因應對病人忙碌而放到地面。還要思考有更好的可能做法是如何？為什麼？

大家忙著準備期末考核就已經很辛苦。結果有一組扮演病人的學員，在被同組練習盥洗時，忽然超過大家預期，告訴扮演照顧者的學員說，怎麼沒把腳也洗一下？這讓學員傻眼。忽然有人演奧客，怎麼辦？Marta 老師的處置是，他認為大家都已經有照顧經驗，同學當病人會出招不是故意找大家麻煩，很可能自己已經有某些經驗，想在此學習更多。

於是告訴這組暫停，先要大家討論這意外的挑戰重不重要？若共識認為有探討空間，則繼續演練後段，等一下結束時專門來討論剛才的意外挑戰。也就是說，看重成人的經驗，鼓勵大家帶來經驗，讓短暫的相聚學習反思更豐富。

---

1 請參見：https://www.fhi.no/en/。

就是在這些小細節，老師一一建造學員應對態度和能力。為幫助學員學會見樹見林，另一位熱心的 Helle 老師用各種圖形架構，幫助學員學習照個別化全人照顧規劃，不會漏掉該注意的層面。讓學員以後碰到各種服務對象，總有完整的觀察思考框架，會想到對方的優點和資源，再想到對方家庭背景的處境，以及從身體功能、社會接觸等層面有何需求，怎樣生活才是最大限度達到快樂充實。這當然有助在客戶面前的自信和得到客戶的信任。

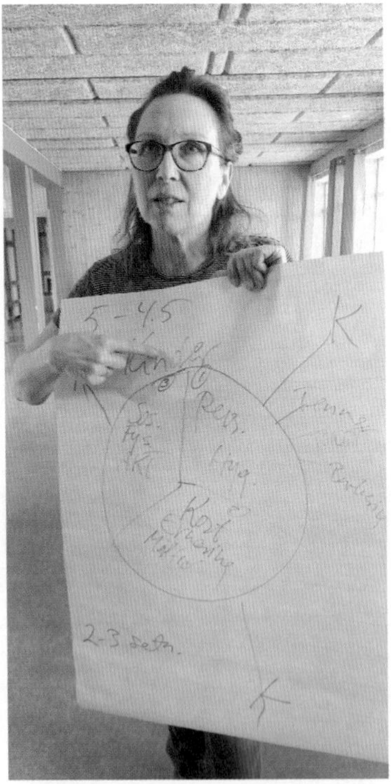

▲ 老師 Helle 用各種方式幫助不同背景同學，能規劃完整個別服務，而非只能聽命執行。

Helle 教框架來幫助學員有整合能力，但也不忘提醒很多累積的經驗與背後的價值觀念。例如，有的客戶房間有收音機，「照顧者進入時要留意，這是客戶的家，不是照顧者的家」，客戶希不希望聽收音機要很留意。千萬不要一進入照顧現場，看到客戶的收音機

▲ 老師 Helle 教導個別服務設計，動用政府資源前，先找出客戶個人潛力和既有資源。

就打開。曾有些照顧者不自覺的打開客戶的收音機放音樂或新聞，但其實是因為自己希望有安全感，自己很怕在安靜的環境面對客戶。然而，這是客戶的家，要考慮對方感受，有些客戶在安靜的環境中比較舒適。

另外，還有些關於失能的教學，Helle 善用體驗法，但怎樣更真實有感？例如視障長者越來越多。老師先用生動學理動畫解釋眼睛解剖學和疾病成因，以及手術方式。接著要學員兩兩一組，一扮演盲，另一負責隨時口頭告知引導，從教室走到電梯、樓梯、廁所再回來。這和要學員自己帶墨鏡拿拐杖不同，因為要溝通，要學如何解釋引導，還要考慮讓扮演視障者能用到觸覺，而不是只聽引導者口令，這樣更接近照顧實務。

結果有一組在教室外長長走廊行走，因有高低落差而有階梯，這組沒走階梯，而選擇階梯旁的無障礙坡道。不料無障礙坡道因為要無障礙所以非常平滑。對看得見的人很好用，對看不見的人卻因太滑而無法靠前一步的記憶預測後一步，差點摔倒。被扶的女性學員快一百公斤，扶她的也快一百公斤。可以想像真摔下去，兩個人互相拉扯的後果。Helle 老師抓到這故事，衍伸許多討論。

▲ 同樣是同體體驗，不是套裝場地，而是就地隨機，增加應變和開放思考的態度。

本文引言曾提到，很好奇這種班真的在訓練學習困難的特殊人士轉變成專業照服員嗎？實際上遇見的並不是什麼一群身心障這樣的學員。然而，因為很多學員離開正規教育已久，的確有些也不是一下子就跟得上老師的腳步，這時老師引導就很重要。

有次分組實習，責任是按個案屬性討論出照顧計畫，以有組織的計畫來進行假設是一大早發生的完整照顧流程。一位平時當照顧助理的薩米（偏遠地區少數民族）學員和一位平時負責暴力兒童宿舍管理的英國移民學員，這組拿著老師給的題目，似乎討論不出計畫而沒有繼續下一步演練。其他學員都按著老師提供的中風個案演練結束，忙著收拾教室下課。老師覺得也不好要他組同學來陪這兩位大哥。

Marta 老師眼看這兩位知道要很客氣面對被照顧者，但照服員養成要求的，不是很友善卻沒有能力的人。於是老師自己跳到床上照腳本演起中風個案，就讓這兩位學習比較慢的學員練習移位、盥洗、扶著如廁。

老師覺得他們雖然已經有動作，但是沒有計畫的觀念，只是在做分散的各種技術，於是要他們重來。他們也緊張，再上場時有點一心無法多用，又想順利進行所有該有的動作流程。調整完方便服務的床高，接著要用血壓計與聽筒。但一手伸去拿器材，忘記另一手還按著電動升降床按鈕。一不留神，碰觸按鈕，床上的老師一下子好像掉到陷阱，嚇壞了，學員自己也嚇一跳又不好意思，但還是得繼續。

老師還是趕快平息驚嚇，繼續讓他們當病人操作，就這樣一直陪一直問，才完成學習。這時教室已經空蕩蕩只剩他們，但可看到學員感激老師，並更專注而積極表達，想要把幾個環節問得明白。老師感到安慰，終於可以下課。

相似耐心教導也在Helle老師身上發生。一位五十多歲女士因住處距離教室三小時，又遇到暴風雪，在山區停停走走而遲到，沒趕上擬定客戶照顧計畫的課程。

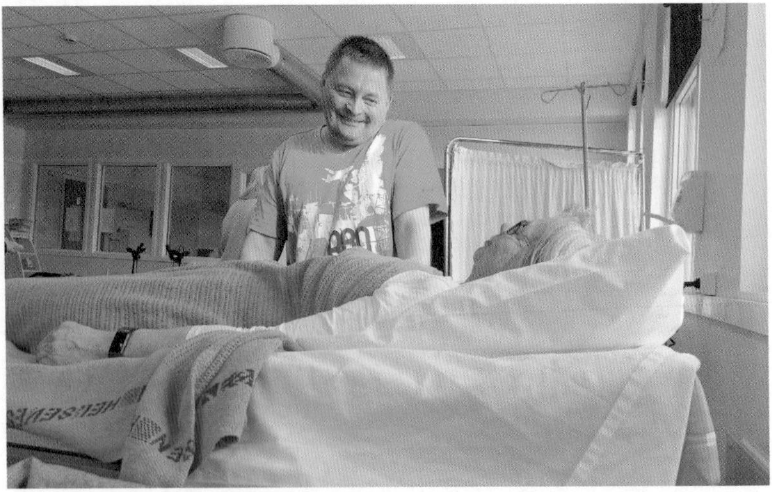

▲ 有同學較害羞或欠缺醫療相關學習經驗，老師出馬當患者，陪到確認做對才下課。

這是期末必考。老師像個人補習班一樣，休息時間把學員帶到一旁一一重教。學員似乎沒如老師預期反應，在試寫計畫時，引述很多教科書內容。老師慢慢啟發，幫助她弄清楚這是在考思考判斷與規劃，不是抄書，抄寫很多並不能看到學員到底打算怎麼完整的考慮客戶的需要。一次次的提醒，等於幫助學員轉換學習和思考方式。因為將來的工作，及證明自己能力升級而轉業，都要具備這種能力。

除了技術和規劃照顧要到位，課程還要幫助學員發掘潛力，以及怎樣用潛力。Helle老師要大家兩兩一組，引用正向心理學，要大家各自選擇過去兩年比較得意

▲ 有同學書寫個別照顧計畫有困難，說「不會」，老師說「就是得會」，課後一直陪。

的照顧經驗。接著，給大家一張紙，上面有數十個正向形容詞，然後聽的一方要深思評估圈出三個特質，並且解釋為什麼。這還沒結束，被評價的一方，若也同意，之後要根據這些特質來思考未來生涯規劃，如何應用這些很好的特質。

比較起丹麥照服員訓練一開始有用自己拼貼認識自己活動，荷蘭居服員就業服務團隊一開始也有自己拼貼認識自己的活動，挪威採取互相聽故事對話的方式，方法不同，但可見理解建造自己而善用潛力是多重要。

老師認真設計上課方式，還要長期注意學員的工作紀錄。學員本來就有在工作，一旦進入這一年半學習歷程，被要求要從自己服務單位選定照顧對象，極為詳細的記錄是怎麼照顧的。另外，Marit 老師和 Helle 老師都在線上學習幫同學看紀錄。

在臺灣，有一部分照服員對書寫不太有興趣，或者認為就是不太會書寫才來當照服員，但挪威老師認為這都不是理由。這個工作必須要能詳細書寫，因為書寫是一種反思過程，而且書寫詳細可以看得出到底照顧者對每個環節掌握到什麼程度？理解多少？觀察到多深入？

有些情形就是透過詳細記錄和討論來確認原則。例如關於如何協助用餐，Marit 提點若被照顧者還可能自理，務必要支持他自己動手吃，照顧者在對方實在有困難時，可以用手幫助對方的手拿餐具去就其口。而不是求快，直接代勞拿湯匙去餵，盥洗也是如此，這剝奪自主感傷害尊嚴，更可能加速退化。因為用餐具是腦透過視覺和觸覺操控肢體、感官和嘴的協同動作。別人餵，這些統合運動操練機會都被破壞了。

Marit除了負責詳閱每班三十多位學員的工作紀錄，還不時藉機會教育影響學員保有該做什麼、如何做和為什麼的思維。例如實習練習結束，本來只要把每個實習床恢復原狀即可。但Marit老師一床一床的陪同學鋪床整理床單，拉襯到完全無皺褶。這和旅館房務不同嗎？重點在要瞭解，對於血液循環很差的人，或者皮膚因老化或用藥而變得非常薄的人來說，一點點床單皺褶造成的擠壓，就有產生壓瘡的風險。一旦有壓瘡，後續的治療成本和照顧成本非常可觀。

第四次總聚上課結束那天，在當地負責接待老師和協調實習場地的護理師Svan還特別準備一個有地方口味特色的大蛋糕，像生日快樂蛋糕要寫字一樣，寫上該班梯次和結業地點，慶祝教室課程告一段落。這是對學員的看重和祝福。這時，還有的人要開三小時車回去趕著上夜班，怕天氣不好，陸續趕著離開。

過去許多臺灣學者專家和官員多次造訪北歐。對北歐照顧品質與人性化有一定程度肯定，但很容易歸因於北歐富有，這似乎是很簡化的看法。其實北歐國家重視平等、顧念別人這類源於基督教的生活風格源起於富有之前，而如今的訓練是如此實在。價值觀與方法，還有良好的制度才能成全優質照顧。

其實Lakselv除了國家老年健康中心來辦訓練，還有一特殊學習資源。就是當地牧師有感於包含消防、直升機救難人員、醫師、護理師、照服員，都比一般人面臨更多重大意外和死亡。但這些服務人員在事故現場和生命極端處境，要怎樣說話？怎樣與家屬互動？卻沒有人教。於是定期開班，邀請神學和教會界深入學習過面對死亡和重大危機的人來教導這些從業人員。希望幫助他們知道怎麼辦，同時能保護自己免於累積心理創傷。

牧師說，醫師面對疾病，但不一定知道如何與病人同在，尤其是明明已經不可能痊癒的人。消防人員和急救者都被期待是英雄，也可能自以為是，然而事實上不是，有些照服員也如此，這些從業者可能要獨自面對死亡壓力。很多場合不是只有判斷生命跡象的SOP就可以做好照顧。學習面對死亡，才能幫助所有照顧從業人員素質更完備。

北極圈裡的長照訓練比較少有臺灣人去實地瞭解。從當地學習情況來看，真的做到沒有城鄉差距。價值、技術、反思樣樣照規矩來，甚至為人味尊嚴而有獨特出色之處，幫助基層照顧者能力升級，而且少有人以長照為產業投資生意來論述。也唯有如此，龐大長照資源投注，才能確保品質。

3/5 比利時新移民照服員訓練法

我國現有約二十六萬外籍看護，政府與民間很少重視他們的專業訓練，僅以解決家屬負擔為目的。繼續如此，則一再見到的消極陪伴會繼續存在，對老人生活品質影響，也衝擊有限的醫療照顧資源。另外，來自中國大陸因婚姻依親等原因而來的民眾，也有許多投入長照。語言相通是好處，但思想價值是否一樣很難說。照顧，是講究尊重和創意的行業，尤其一人對一人而無他人在旁時，更挑戰照顧者的價值倫理思維怎樣影響應對。這類問題不只在我國，因國際移民普遍，歐洲各國也有，比利時是例子，但他們有因應的課程。

以該國梅赫倫市（Mechelen）技術學校成人教育中心（Leerkrachtsecundairvolwassenenonderwijs Centrumvoor Volwassenenonderwijs TSM）來看，照服員學校分兩班，一班是本國人，修業約一年半，有移民背景的則兩年半。怎麼多一年？目的在補強文化差異理解轉化和增強心理素質。具體的做法是一輪有八週課程，一年四輪共三十二週課程。在第一輪的八週，每天上午是荷蘭語文課程，下午有語言使用素養課程和專業課程交替。所謂語言使用素養課程是鼓勵學員用荷蘭語學習表達照顧服務的用語和態度如何展現荷蘭語的禮貌。老師認為，語言不只是語言，也是文化。在使用荷蘭語和老人溝通，充分瞭解怎樣表達友善很重要。

其次，學習成人教育的老師吉拉丁博士（Geraldine Clarebout）還設計了「學習支持」課程。透過讓學生更有感的高參與教學法來幫助學生達到覺察、反思、行動的目的，使學生學知識、學技能，自己創造能力。例如老師請大家表達實習時遇見的困難，目的在支持大家，也練習語言，瞭解大家對語言掌握到什麼程度。

▲ 營養課開始不是先介紹魚肉奶蛋……，而是反省為何自己知道健康知識卻做不到？

▲ 照服員班「學習支持」課由成人教育老師擔任，重視不同文化者理解在地文化。

然後請同學彼此訪談，瞭解不同國家文化背景的同學，其原生國怎麼樣看待老人、失能、殘障者，原生國又是怎樣對待這些民眾。老師又針對什麼叫做「以客戶為中心」的照顧，鼓勵學生用荷蘭語充分表達，檢驗他們的句子有無合乎文法，要他們寫出相關的荷蘭語，要他們學習用荷蘭語問問題，釐清到底什麼是「以客戶為中心」，這就是漸進的在同時練習語言又內化價值觀。

訪談後由訪問者整理出來

▲ 老師鼓勵移民學員用荷蘭語表達實習心得，學習友善正確溝通，同時檢討實習。

到教室前面報告。這樣，同學可以交互省思，還能鍛練溝通歸納能力。老師說，其實這還可以考驗學生是不是瞭解荷蘭語和當地社會在溝通時使用的非口語表達。其實這不特別，在英國失智老人照顧文獻曾說八成五溝通來自非語文，丹麥照服員學校則甚至強調九成七溝通來自非語文。吉拉丁老師的用意相似。

老師在聽學生訪談和報告時，會引導學生走向比利時價值觀的照顧願景，幫助學生用荷蘭語表達這些願景。老師認為，所謂的專業照顧是學習技巧加上能顯著以尊重老人的態度來執行服務才能稱得上專業。

從同學分享實習到彼此訪談報告，老師還會觀察同學學到什麼程度，需要什麼資訊，要把照顧做好還要學些什麼，到哪裡去找都一一指導。因為現在照顧知識不斷更新，已經不是一份講義或者課堂講解就足夠。培養學習動機、興趣和學習能力更重要。

為了吸引學生，並且正向看待被照顧者，支持他們追求生活理想。老師在黑板畫殘障者的圖形，問同學看到什麼？大家說腿不良於行。老師把腿遮起來，問大家看到什麼？大家說一個人。老師說，我們很容易只看到殘障的腿，卻不看到他是人。這比起背誦教科書「優勢理論，要看到人還有的能力」印象深刻多了。

為了增強學生學習動機，這裡的課程採取每週五天教室課和實習課交錯的方式，所以實習的經驗、觀察、省思，一直隨累進更多主題模組課程而有不同的體悟和同學交流，輔以幾乎整學期的「學習支持」課程，讓學習效果更好。這一輪末了的日子，吉拉丁老師以朗誦詩結束課程。因為正好是比利時的詩歌週，目的在啟發他們注意到四周發生什麼事情的敏感度。

安全照顧、優質照顧和照顧者願意繼續服務，不全仰賴大量金錢投資，而是良好的養成，使他們有更好的能力。移民背景者投入照顧服務，在各國都不少見。但同理他們的困難，幫助他們，讓他們建立專業素養實

▲ 老師用人身圖啟發同學不要把人看到只是功能身心障的個體，更要看到他是人，引導同學寫出許多優點。

在重要。我國由於超高齡社會來臨，居服給付提升，很多本國人都轉向居服，實質上有些機構移民背景的照服員比例快速增加。比利時的做法讓我們看到，培養人要有耐心也要有方法，也許，如吉拉丁這樣優質的老師是第一步！

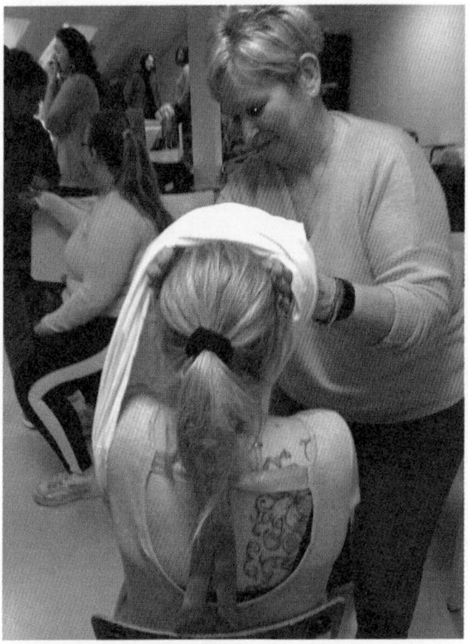

▲ 老師教基本生活照顧，提醒穿脫衣時女性在意頭髮有無被弄亂影響情緒。

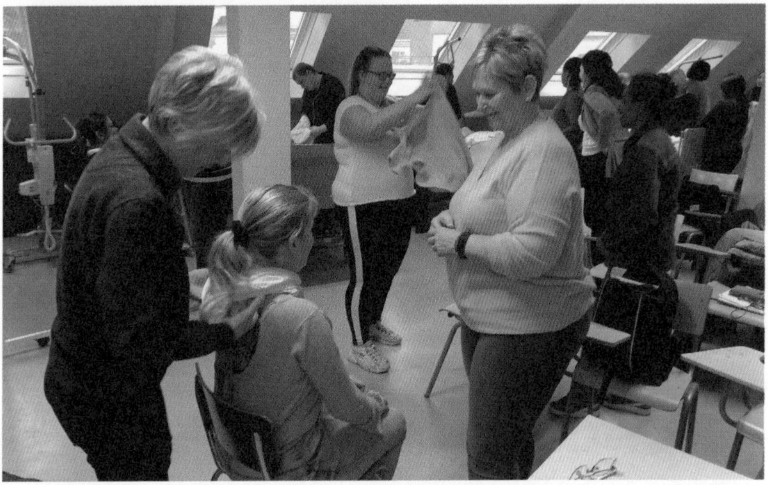

▲ 老師示範完，讓同學彼此對練，這時會接觸到不同髮型和不同衣服挑戰。

3/6

好長照要好教材——挪威、德國

幾次到他國學習照服員工作，對表面零星動人的一幕幕現場感到好奇，再逐步追問何以致之？發現其實從業餘長照到職業長照，再到被照顧者認同的專業長照服務，其實相當重要的根基在養成時要有良好的教師、教學法與教材。

如果我國民眾有興趣，不妨瞭解一下我國現行照服員新進培訓用的影印剪貼拼裝教材，和如何使用、如何學習，學習者的感受，再來瞭解一下他國做法，或許我們可以一起幫助國內能有更適合成人學習和激勵學習興趣的養成歷程。這當然有助第一線服務自信和能力。

▲ 挪威照服員教材。五本中除健康知識外，溝通（左）、工作倫理和照顧規劃（右）就佔兩本，可見人才培養價值思維。

以挪威為例，他們照服員基礎書面教材有五本，包含工作價值與倫理、溝通、健康專業知識兩冊（*God Helse*），以及營養手冊。德國有分專業照顧者和專業照顧者與家庭照顧者共用的教科書（*In guten Händen – Pflegebasiswissen*）。以下就以挪威和德國這兩本書的排泄這章為例，先看挪威的，內容結構如下：首先指出學完本章，學員能：解釋、示範、執行。然後有一個客戶故事：「某長輩愛爬山，一次摔傷後無法自己上廁所需要導尿。這天要上廁所打電話給居服員，居服員可以三分鐘趕到。居服員受過訓練，會導尿而且登記日期、量測數量……」。以故事起頭吸引人而且來自實際生活，並且包含一般個案研討需要的基本處境資訊。

接著立刻兩個提問：「你有沒有想像過自己要是無法獨立大小便是怎樣的生活？從這種想像如何看待客戶需要的幫助？你如何創造客戶最佳生活狀態」？這是要求學員同理設想，而且有能力系統整體看服務。

教材引導人進入思考狀態，接著有關於排泄的定義、大小便生理機轉。然後有進一步探討，包括自主原則、隱私感受，所以有人可能因別人陪上廁所感到尷尬而緊張或縮短上廁所時間，這會有什麼影響？還有的人行動緩慢，所以上廁所時間更久而需要考慮穿著避免著涼。教材將上廁所也視為日常活動，要學習者思考本於自主原則，如何盡可能在各環節支持客戶自己來？支持他自己來和消極的讓他自己來不同。有無疼痛？最後是如何考量設備規劃動線，確保客戶完成保持清潔的所有動作，例如會洗手。

協助長者完成如廁，照顧者還要能觀察判斷大小便顏色、味道、數量，從中臆測飲水進食種類數量可能不足？和可能的感染，以及是否因使用藥物而有副作用？再回溯有無口乾、便祕等現象合併理解。

有了以上基本理解，再介紹臥床的大小便方式和器材，怎樣是正確以及為什麼？怎樣觀察人舒服不舒服，如何幫助他們？接著介紹導尿方式和導尿器材，包括放在膀胱的氣球與風險，還有所有相關的專業詞彙，因為這樣可以和醫護人員更快速正確溝通。

以上知識介紹後，有一連串提問，從自己的大小便經驗，要學員連結現實工作，進一步思考如何根據先前所學，提供有品質的排泄照顧服務。然後學員兩兩一組演練以上所有情況。

至於德國這本，除類似學習結構，就生理解剖方面還有更多內容，將泌尿基本知識擴大到腎，指出排尿困難可能導致水腫。老化膀胱會縮小容量，膀胱逼尿肌變化，導致長輩頻尿和排空能力降低。老人憋尿或未能盡量有感就去排尿，加上膀胱壁上皮細胞和黏膜結締組織老化，可能比年輕人容易泌尿系統發炎。從這些知識可想到如何設計老人活動時程、廁所需求，照顧者更要有耐心。這樣能預防疾病，避免重複進出醫院，增加生活品質。

以上文字敘述篇章還有黃色圖底標示重點字，以斜線拉出圖框，輔以可愛人性的卡通和色彩清晰的結構圖詳細介紹。根據以上知識，再討論如何支持長者生活，例如固定時間帶去如廁，何時和如何飲水等。

德國這本將所有可能造成尿色變化的飲食、個人生活因素和結果製成對照圖表以供參考。其登錄表格除基本尿量與時間之外，還要

▶ 德國長照教科書有的讓家屬也容易參考，封面顯出重視互動和以客戶為主體。

◀ 對於不同教育和文化背景的學員，許多照顧用圖示，增加趣味和理解反思效果。

註記有無輸液、瀉肚子。這樣照顧者和老人就不用一點點現象嚇自己。

另外，還延伸介紹各種尿布和尿袋選擇，如何使用的細部程序步驟和動作相對位置。如何根據不同體型、性別來使用，以保有最大生活品質和隱私。

綜合以上，讀者可能發現，這兩國透過照服員教科書培養的不只照指令執行技術工作，而是能將知識結合現場經驗，有觀察判斷能力，能用同理心細密規劃照顧方式的照顧者，知道處置和原因。這樣挑戰多但成就感也高，絕不只是把自己的工作價值建立於薪水。如果我國也有這樣的教材，長照當可更節約資源有效服務。

3/7 借鏡丹麥照服員教科書——營養篇

二〇〇九年隨長照中心督導前往高雄鄉村瞭解居家服務，看到有糖尿病的老人由居服員購餐得到不夠理想的飲食。再細問才知道，新進居服員訓練的營養課程是兩小時，營養師把基本營養食譜唸過就結束了。學員學不到太多相關的知識和方法，但一樣通過考試取得證照開始賺錢服務。即使去考照顧服務員單一級技術士技能證照而能多些薪水，可以備餐，也沒有增加需要的營養知識。

二〇一九年在中部原住民文化健康站，看到認真的物理治療師幫每天都來的老人運動，這裡還有很禮貌的照服員備餐。但是老人獲得的只有兩個手指左右的肉，照服員對營養需要幾乎完全沒有概念。

同一年，隨營養專長的教授去幾個外籍看護照顧的家庭訪視，也有類似問題，甚至有的家庭是以看護吃的為主來決定飲食採購。這些不能代表所有照服員與外籍看護，可是都是具體現象。究其原因和改善之道，至少我們未來應發展第一線照服員需要的優質教材和教學方法，不然，大量投資和大批服務人員的長照豈不仍是功虧一簣，而且是這樣基本關鍵的能量來源缺乏，怎麼期待延緩失能？

來看看我國照服員能學得的營養素養，以二〇一四年高雄地區照服員教材為例，營養主題的篇幅有 A4 紙九頁，都是影印黑白簡報檔。主題營養素簡介、老年期營養、認識特殊飲食、疾病飲食禁忌。其內容直接指出要吃什麼和不要吃什麼，未深入到身體評估法和量的計算。老年營養和特殊疾病的部分指出身體衰弱的各種現象和原則與對應的建議食材。

如同一般我國照服員課程教材，以給很多資訊以便「給個概念」為特色，給直接答案以便採用。學習方式屬於低參與式，較少支持照顧者學到計算、分辨、省思、理由與人味。又強調照服員要在營養師指導下，遵照醫院指示來服務。可是許多學習者都是要去居家服務，多半得不到營養師指導，更不用說臨場變通能力，也就是「遇見這位客戶，我該如何思考該怎麼辦？為什麼？他與別人有何不同」？

教材如此，有一種可能是教學者認為來學照服員的，其教育背景不一，所以盡量淺顯。然而，實際上照服員與居服員越來越承擔獨自為長者預備飲食和設法支持長者落實取得的職責，要怎樣強化能力呢？或許可以看一下幾個國家的照服員教科書提供怎樣的內容和思維。

丹麥（*Sosu Trin1*, 2012, 2018）分「進食」、「營養」、「特殊飲食」與「食品衛生」四章，用這樣的分類來建構職業照顧者接手新客戶的基本思維，以掌握照顧需要。

「進食」章：一開始先用生活性問題結合成人學習者經驗和興趣，啟發思考而進入學習狀態，「想想你曾有次吃東西覺得真是美味。那次是什麼導致你覺得好吃」？然後由系統性思考圖像一一布局主題。但明顯得一直圍繞在要學員內心有客戶行為和需要，而不是食物資訊。例如考慮營養的重要：自己吃還是與人一起吃的差別是什麼？當烹飪變困難、老人偏好吃什麼？接著介紹與食物相關的主題：環境、備餐和服務供餐、協助進食、嗆咳、管灌進食。然後問：你對獨自吃飯有什麼感覺？如用餐有困難，由機器人餵你，覺得如何？下次吃飯時試試體驗頭稍微上仰或低頭的感覺。

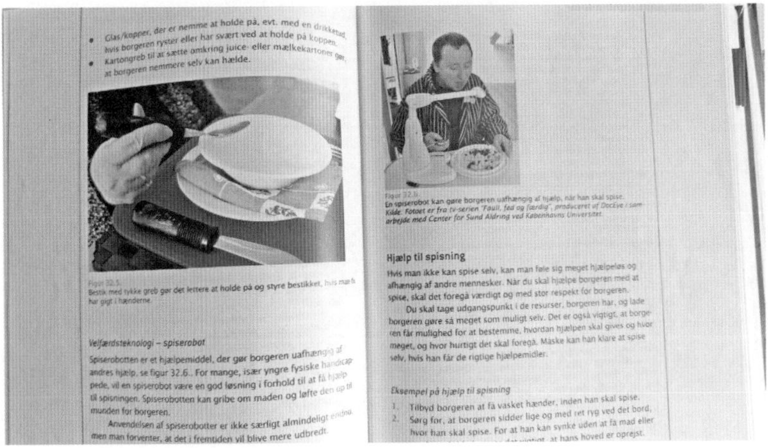

- Glas/kopper, der er nemme at holde på, evt. med en drikketud, hvis borgeren ryster eller har svært ved at holde på koppen.
- Kartongreb til at sætte omkring juice- eller mælkekartoner gør, at borgeren nemmere selv kan hælde.

Figur 32.5.
Bestik med tykke greb gør det lettere at holde på og styre bestikket, hvis man fx har gigt i hænderne.

Velfærdsteknologi – spiserobot

Spiserobotten er et hjælpemiddel, der gør borgeren uafhængig af andres hjælp, se figur 32.6.. For mange, især yngre fysiske handicappede, vil en spiserobot være en god løsning i forhold til at få hjælp til spisningen. Spiserobotten kan gribe om maden og løfte den op til munden for borgeren.

Anvendelsen af spiserobotter er ikke særligt almindeligt endnu, men man forventer, at det i fremtiden vil blive mere udbredt.

Figur 32.6.
En spiserobot kan gøre borgeren uafhængig af hjælp, når han skal spise.
Kilde: Fotoet er fra tv-serien "Fauli, fed og færdig", produceret af DocEye i samarbejde med Center for Sund Aldring ved Københavns Universitet.

Hjælp til spisning

Hvis man ikke kan spise selv, kan man føle sig meget hjælpeløs og afhængig af andre mennesker. Når du skal hjælpe borgeren med at spise, skal det foregå værdigt og med stor respekt for borgeren.

Du skal tage udgangspunkt i de resurser, borgeren har, og lade borgeren gøre så meget som muligt selv. Det er også vigtigt, at borgeren får mulighed for at bestemme, hvordan hjælpen skal gives og hvor meget, og hvor hurtigt det skal foregå. Måske kan han klare at spise selv, hvis han får de rigtige hjælpemidler.

Eksempel på hjælp til spisning

1. Tilbyd borgeren at få vasket hænder, inden han skal spise.
2. Sørg for, at borgeren sidder lige og med ret ryg ved det bord, hvor han skal spise. For at han kan synke uden at få mad eller ... at hans hoved er oprejst.

▲ 丹麥照服員教科書備餐主題課程，要求同學要能從客戶立場想到食材、氛圍、工具三大方向和創新。

「營養」章：想想看上次你沒足夠的東西可吃或吃多了，對你身體有什麼影響？什麼是食物？維他命、礦物質等多種能量營養，如身體能量來源、能量需求（肌肉、心肺、身體改變）、能量百分比。還有官方營養建議，如老人能量需求、正常體態評估、一般外觀評估。你曾否感受到身體變化而需要其他（能量）營養？

「特殊飲食」章：想想你曾否該吃卻吃不下的時候身體的感覺？然後討論食慾不佳（疲勞、味覺、口腔發炎、疼痛……）、飲食原理。你如何吸引老人吃飯？有咀嚼吞嚥困難、糖尿病、骨鬆的

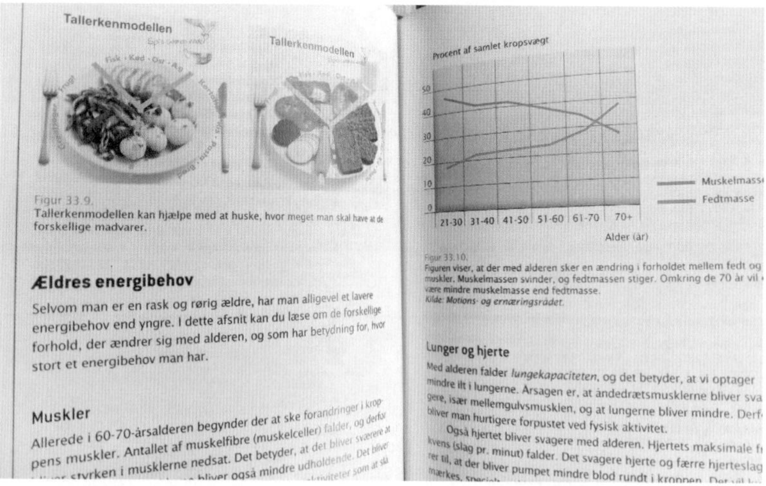
Tallerkenmodellen

Tallerkenmodellen

Figur 33.9.
Tallerkenmodellen kan hjælpe med at huske, hvor meget man skal have at de forskellige madvarer.

Ældres energibehov

Selvom man er en rask og rørig ældre, har man alligevel et lavere energibehov end yngre. I dette afsnit kan du læse om de forskellige forhold, der ændrer sig med alderen, og som har betydning for, hvor stort et energibehov man har.

Muskler

Allerede i 60-70-årsalderen begynder der at ske forandringer i kroppens muskler. Antallet af muskelfibre (muskelceller) falder, og derfor ...

Procent af samlet kropsvægt

50, 40, 30, 20, 10, 0

21-30, 31-40, 41-50, 51-60, 61-70, 70+

Alder (år)

Muskelmasse

Fedtmasse

Figur 33.10.
Figuren viser, at der med alderen sker en ændring i forholdet mellem fedt og muskler. Muskelmassen svinder, og fedtmassen stiger. Omkring de 70 år vil ... være mindre muskelmasse end fedtmasse.
Kilde: Motions- og ernæringsrådet.

Lunger og hjerte

Med alderen falder *lungekapaciteten*, og det betyder, at vi optager mindre ilt i lungerne. Årsagen er, at åndedrætsmusklerne bliver sva... gere, især mellemgulvsmusklen, og at lungerne bliver mindre. Derf... bliver man hurtigere forpustet ved fysisk aktivitet.

Også hjertet bliver svagere med alderen. Hjertets maksimale f... kvens (slag pr. minut) falder. Det svagere hjerte og færre hjerteslag ... rer til, at der bliver pumpet mindre blod rundt i kroppen.

▲ 丹麥照服員課本很重視編排、視覺效果，以使人很想學、容易學。尤其學員教育學歷背景不高。

人有什麼需要？除這些最常見的特殊需要者，不適用一般備餐對象準則的有哪些人？想想你如何將昨天的一般飲食轉為食慾不佳的人的飲食？如果增加脂肪如何？這又可能造成什麼後果？如何讓你覺察出你吃進去多少脂肪？

「食品衛生」章：先問你曾經感覺用餐後虛脫噁心等不適嗎？接著教食物處理（吃怎樣導致生病、拿食物的方式、不要散播微生物、加熱、冷卻、丟棄壞了的食物）。然後問你進廚房做事時想到多少衛生原則？關於食物準備，你覺得拿著食物相關的衛生問題有哪些？最後是機構內的食安衛生。

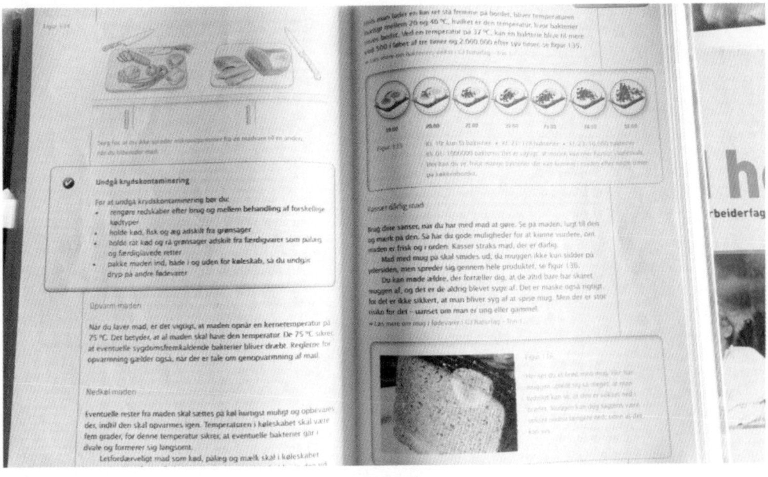

▲ 重視感控知識，用簡單易懂圖示加強印象，說明一定溫度下時間推移，腐敗速度。

以上這些在丹麥照服員學校的學習稱為一個模組，也就是關於飲食，有這些內容。學員每學完一個模組就有一次考試。當地老師告訴筆者，學完模組，老師出個個案主題故事，然後學員要自己擬定三天學習計畫去找答案，之後大家聚集個別報告。所陳述的都得根據課本或一些取得的知識依據，通過才可過關。老師表示，這樣的學習是因應到客戶家中是獨自一人來服務，要有基本能力照顧，而且能幫長輩設想需要，以專業取得信任。

以上的學習是不是太複雜？很難？要花很多時間？他們到底是領多少錢？這樣太花腦筋。這些是常被我國專家和照顧者問起的問題。但如果衡量實際照顧需要的能力，或可再想想，有哪一點不重要？或者不這樣，怎能勝任？誰願意被只會背書考試或者不能變通，或者不能思考個別需要的照顧者來照顧呢？

3/8 北歐教科書感控教育——以洗手為例

冠狀病毒衝擊許多國家，不只檢驗醫療體系承載危機能力，另一值得注意的是防疫素養。這是公民基本生活常識，不應是某些學業表現較優的人才有資格學習，必須是普及易學。

這要靠社會教育和學校教育多管齊下。其中社會教育通常廣度取勝，有賴學習積極的民眾搜尋。一般媒體則限於篇幅和商業運作，較難計畫性供應。即使疫情期間，能夠做到不斷短語提醒，例如勤洗手等，已經不錯。

學校教育則相對社會教育更為系統化。如果教育體系能落實教導，於個人減少風險，於社會節約成本，一旦臨時遇到重大危機，也容易配合執行。

然而防疫知識要如何傳達？怎樣布局內容和發展教材？這一如許多課程主題，需要考慮學習目的，能從目標群體的立場著想，讓他們有興趣、有感，不是只是為了應付考試，而是有辨識能力，知道該做什麼和為什麼？才容易內化成為名符其實的素養。若從不同國家交流，或可截長補短，激盪更有品質做法。

在二〇二〇年疫情日趨嚴重之際，正好訪視挪威等國長期照顧教育，包含基本防疫，對其教材編寫印象深刻，或許實施方式可供參考。筆者所看的教科書是挪威照顧服務員使用（*God Helse 1*），設計對象為完成基礎教育者，相當於我國國中畢業。該書作者群將繁雜的防疫知識從陌生者入門逐步導入，在怎樣照顧別人之前，先做好自身預備。關於所有衛生章節，第一部分是洗手。關切的不只是勤洗手，還有許多背景知識。

實際教學時，與書籍相配合，一開始大家先看短片。短片是刻意拍攝的。全部都用大特寫，記錄一位失能病患從搭車來醫院，

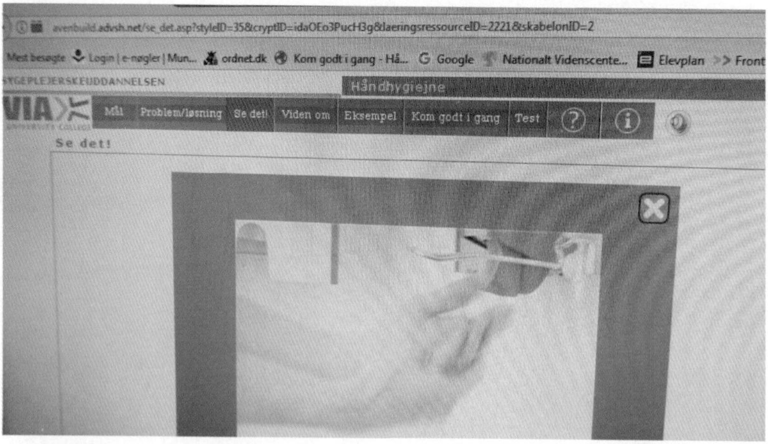

▲ 感控教學不只幾句口訣帶過，但是要非常落實，需有優質教材影像設計達到效果。

到醫院門口下車、輪椅服務，進入醫院有醫師拍肩問候，然後各種檢查、攙扶，非常多機會被各種照顧者的手接觸。講清潔衛生，手部的要求不是洗手，而是做好手消毒。這觀念涵蓋洗手，遠遠不止洗手。

影片幫助大家覺察，原來這麼多機會彼此用手接觸，而且交互接觸不同病人。課本洗手篇一開始有相關影片的描述，還強調照顧者會接觸到的民眾，將是防疫力特別低的人群，若不留神，影響可觀。大家看了影片再看書印象很深，這段總結說明手是照顧者「最危險的工具」。因為每天工作不斷用到手，手可以是最快速帶動感染的媒介。所以，首要保持清潔才去服務人。衛生一詞原始希臘文就有健康預防的意思。

一如該書其他篇章，各主題基本上都以一個人物故事前導，然後有提問，再接著是相關基本常識，接著進一步更細部說明。每個段落不是條列供背誦用，而是不斷整合資訊引導學習者省思，不斷提問，最終希望投入職場時能有觀察反思能力，有效執行工作。

前導故事角色是一位照顧者從學校剛入職場（安養機構），有同事問他是否瞭解清潔，照顧者回答以前就有學習洗手。同事一方面擴展思維，表示此處清潔的定義遠廣過洗手。但先從洗手看起，開場符合學習者生涯經驗，肯定其過去所學，而不是否定一切，打擊自我價值，但以友善方式瞭解洗手學到多少。一開始並未直接跳到如何做，而是給予基本背景知識。

大家都教洗手幾個步驟，本書指出這樣是不夠的。作者說，洗手要洗乾淨得有配合要件。例如手腕、手指不能戴任何手環、手錶、戒指珠寶，因為這些物件可以積存人體皮屑、汗、清潔劑殘留物。加上一直接近身體有溫度，可以變成濃度高的微生物積存，一般清潔幾乎不可能完全洗掉。在教室教學時，老師會引述實驗數據補充，什麼樣的溫度和時間延續，這些器物可以增長微生物的速度。

排除外掛器物，再來看手部。書中指出，其實照顧者最常接觸人的部位是手指，操作器械設備時，手部接觸最多的是手指。即使許多時候，我們小心而以為只用手部的一小部分來工作，然而這最常用的部分卻是風險最高的部分，如指尖、指間。

多項研究指出，手指甲下方接觸皮膚之間，若指甲較長，可成濃度很高的微生物區，所以指甲突出指尖不可多過兩公釐，而且不可戴人造指甲，也不可塗指甲油，因為會掩蓋微生物。尤其指甲油逐漸脫落時，脫落區和未脫落區高低差坑洞可以積存微生物。手最不乾淨的地方卻是一般接觸病人最多的地方。書中搭配實驗照片對比消毒前後手部微生物殘留量差異，指出消毒目標是消除九成九微生物。

接著是專業工作來自各種場合外部污染介紹，如接觸患者、處理藥物、清理廢棄物、戴手套工作等，指出在這些工作後必須消毒手部。清潔時如何避免二次污染，還要保護手部，因為使用肥皂和熱水會改變手部酸鹼質與濕度，這可能使手部容易有傷口，積存微生物。擦乾水用的紙巾用壓的吸水而不是用來回摩擦吸水，因為來回摩擦也可能有殘留物，而且容易破壞皮膚表皮導致受損，又變成更容易感染。

洗手沖水必須三十到六十秒，但沖之前每個部位用肥皂搓揉還要時間，所以實際上

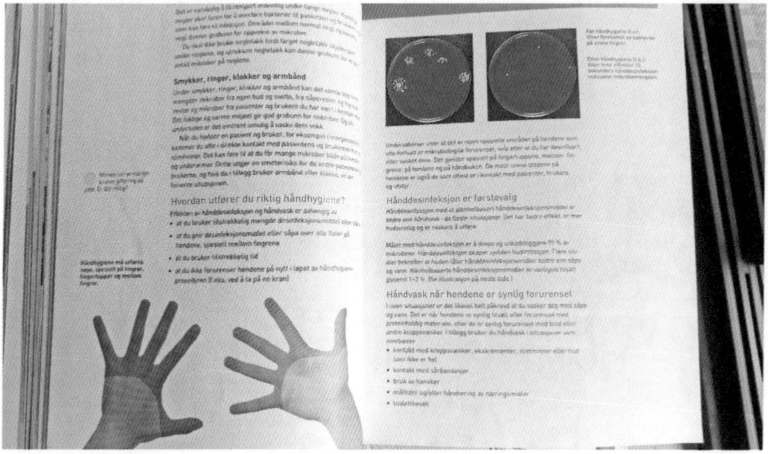

▲ 教科書教感控，用實驗數據與圖示指出重點部位和細菌增長速度，易學而印象深。

會用到約兩分鐘。洗完手若場合許可，宜用護手霜等保護手部外表，良好的皮膚是有效清潔消毒必須維護的。行文至此，作者又置入一故事，有兩位照顧者到客戶家服務，看到洗手台上有肥皂，知道該洗手消毒，卻沒有使用那肥皂。作者提問，為什麼這兩位照顧者不使用那肥皂呢？鼓勵學員多多設想，包含怎樣不會在這家清洗，又把這家的污染帶到另一家。

洗手篇收尾提供關鍵字以便進一步查詢和確認專業語言如何表達，最後有兩組總共二十多題的提問，分別給基本學習和進階學習。基本學習包含理解上述資訊、列舉手部消毒場合和時機、查閱發現洗手公衛歷史故事。並且要學員彼此實作，彼此觀察評論，就現實情境討論還有哪些改進空間，而不只是記住有限的知識。這將用到每位學員的生活經驗，擴展學習視野。這樣，學員容易保持在高參與學習。

進階學習則包含能根據個別工作職責流程寫出手部消毒計畫，還有在廚房備餐、協助被照顧者用餐、進入居家服務的客戶家中，這些獨立工作場合怎樣有效執行準則，怎樣將知識轉給被照顧者親友家屬，達到一致理解和行動，免於功虧一簣。這些提問字數少，但其實每個問題都比基本學習更需要整合能力。

以上是挪威教科書，洗手之後接續的是感染，包含整個身體的免疫、感染構成要件、以及如何降低感染。這時，學員已經從洗手進入學習狀態，也有基本觀念，更容易接手後續學習。

在丹麥，教科書（*Grundforløb 2.Sosu*, 2017）除介紹洗手相似挪威，還將各種相關閱讀資料的掃描條碼載入，以便延伸學習。因為該國非常重視問題解決能力建構，掃描條碼資源預備給老師出了新問題時可以參考。

另外，學校有實驗室，讓同學用顯微鏡看微生物，因為若不這樣，口說和一般視覺很難取信學習者。之後老師會將微生物塗於學生雙手，請學

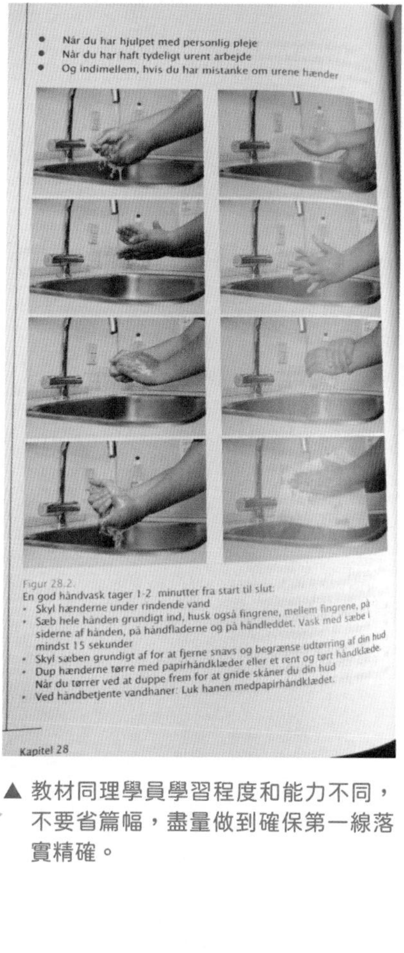
• Når du har hjulpet med personlig pleje
• Når du har haft tydeligt urent arbejde
• Og indimellem, hvis du har mistanke om urene hænder

Figur 28.2.
En god håndvask tager 1-2 minutter fra start til slut:
• Skyl hænderne under rindende vand
• Sæb hele hånden grundigt ind, husk også fingrene, mellem fingrene, på siderne af hånden, på håndfladerne og på håndleddet. Vask med sæbe i mindst 15 sekunder
• Skyl sæben grundigt af for at fjerne snavs og begrænse udtørring af din hud
• Dup hænderne tørre med papirhåndklæder eller et rent og tørt håndklæde. Når du tørrer ved at duppe frem for at gnide skåner du din hud
• Ved håndbetjente vandhaner: Luk hanen medpapirhåndklædet.

Kapitel 28

▲ 教材同理學員學習程度和能力不同，不要省篇幅，盡量做到確保第一線落實精確。

生用以往理解的方式洗手。回來後再以試劑塗抹，就可看到到底洗掉多少。然後再依照老師教的方式去洗，再回來測試。這樣，學生容易記得。

同一實驗室還有化學分析設備，幫助學員解析分辨不同清潔劑的成分。老師認為，這樣畢業後有能力閱讀不同清潔劑使用方式，不會發生危險，同時還可以在被照顧者與家屬有疑問時詳細解說。老師認為這是專業榮耀。老師甚至在洗手主題結束時，引述研究提醒學員，每年病人因為照顧者不潔感染的風險數字，說明照顧者不留意清潔就是可能造成致命的因子。

芬蘭同類教科書（*Hoitamallahyväöloa*）除相關知識，在手指部分還交代指甲有裂痕都不能工作。不建議使用吹風機，因為時間長加上管內空氣來源也會帶來感染，並有圖示。洗完用擦手紙巾去關水龍頭，避免二次污染。該書並以緊急接電話，從另一位同事接過話機為例，提醒照顧者在日常工作有非常多被輕易忽略的機會製造手部污染。

以上介紹雖然屬於照顧服務行業，但可幫助我們思考，我們在不斷呼籲勤洗手時，若能留意這些細節方能徹底。有做和有做對有程度差別，對自己和別人都是風險。另外，教材布局幫助學習者不會因為學習而更疏離，覺得自己不能學，而是一步步生活化將重要基本知識引導給學生，並有延伸思考問題和建議，裝備繼續學習的能力。學習洗手，今後即使不是職業照顧者而是一般民眾，都可以從「勤洗手」進階為手部消毒。因為如今細菌病毒散播更多樣而不可測，基礎學習越實在，對學習者好，更降低無數他人的風險。

3.9 丹麥照服員學校實驗室

因緣際會在丹麥照服員學校學習，老師帶筆者看教室，路過一間好大的實驗室，有吊掛整齊的一排防護衣、許多護目鏡，牆上大白板有書寫許多化學方程式字跡。很好奇怎麼照服員學校要這些？老師說，因為執行居家服務時，將用到很多種清潔劑，每種各有化學組成成分。居服員必須能閱讀理解，以便正確使用於不同場所和目的。同時，也能確保自身和老人安全，知道什麼清潔劑不能和什麼東西混合，以及為什麼。

老師解說到此，很慎重的說，若居服員具備這樣的見識，萬一被服務的老人有疑問，或者與居服員意見不同，甚至老人弄不清楚時，居服員能有說服力的告訴老人，取信老人，這樣，這居服員在被服務者面前就展現了所謂「專業的榮耀」！

想想看這老師說的，頗值得思考。不論在丹麥還是他國，照服員或居服員，常常有各種可能的社會成見，被當成不怎麼專業的職業。似乎一般人都可以做，就業門檻低又辛苦。然而隨著更多失能、失智者住在家裡，居服員的角色更吃重。面對多樣案主客戶特質，與輕重不一的失能、失智，需要越來越多的能力，才能勝任工作。好的照顧，包括能與老人溝通互動，取得老人信任，能精準安全、知其所以然、善用工具、精熟流程的執行服務，而這些有賴良好養成。具備服務可能用上的知識，能分析判斷現場衛材很重要也很基本，不能倚賴和過度尊重老人的看法。而且市面衛材時時推陳出新，能有知識底子去分析，而非人云亦云，這很重要。從這種工作挑戰和處境來看，丹麥照服員學校設實驗室就不難理解了。

該國對照服員期待越來越高，二〇一八年五月後逐步從一年四個月不等的養成時間全面提升到兩年五個月。不只年限提升，學習內容也在更新，學習場所也在翻新，教科書更

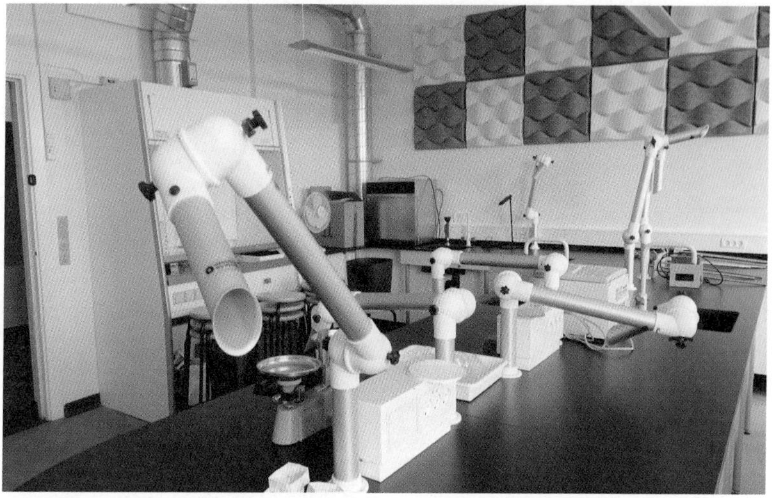

▲ 丹麥照服員學校實驗室，重視環境安全設計，也提升學員安全意識。

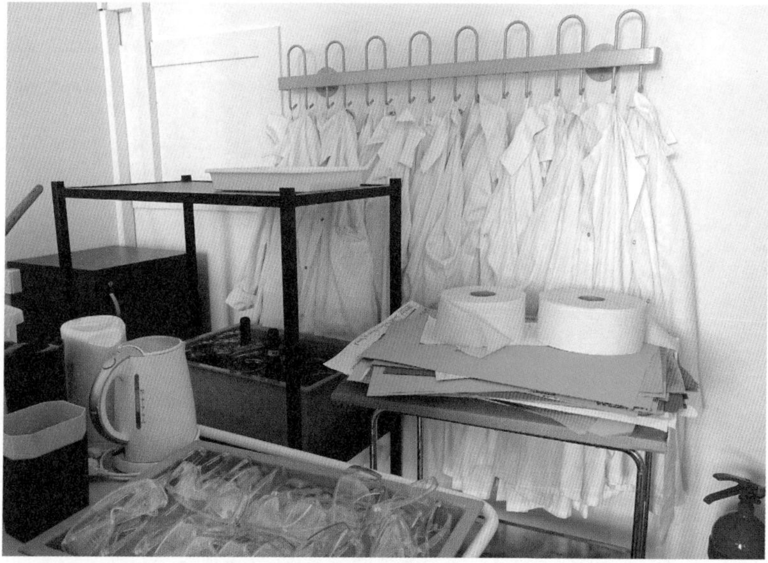

▲ 實驗衣和緊急處理設備，不但要有，而且要有品質，並擺設於適當位置。

有專書一本進一步介紹環境生態。因為連老人飲食的營造確保，要同時顧及節能減碳也很重要。這些發展都可看到，非常看重照服員養成。因為照服員儼然已經是社會第一線長照服務者和守望者。其素質影響長者生活品質、安全與國家公衛資源運用效益甚大。

學習分辨清潔劑的化學方程式和實驗室只是縮影。沒有人可以說，學習閱讀化學成分很難，更不能說「就是不會讀書才來當照服員」。另一方面又抱怨社會大眾看不起這工作。共同努力，根據職務特性，給予適當充分的基礎養成，再讓學員出師上路，才是既提升社會形象又確保服務品質的最佳決策。我們或許不需要看丹麥有實驗室，

▲ Heidi 老師在實驗室說明不同清潔劑成分，使同學到客戶家能分辨、能說明而勝任工作。

我們也弄一個。但確實可以一起想想丹麥老師所說的專業的自豪與榮耀（professional pride）。我們下一步是如何提升我們照服員的素質，讓我們提供的服務、知識根基、溝通素養，足以成為專業的自豪榮耀！

3.10 北歐照服員感控教育

冠狀病毒疫情發展之際，衛福部部長提到看護訓練很重要。國家最高衛政首長看到基層防疫關鍵人物非常可喜，實際上的確是如此。但除了臨陣耳提面命戴口罩勤洗手，和重罰威嚇，還有什麼方式可以讓與看護處境接近於第一線的照服員等人都能更對防疫有感，並且瞭解為什麼。

其實防疫是面對急性擴散的特殊或固定時期的挑戰，平時學習未必只是針對單一疫情，而是更寬廣的感控。基層照顧服務人員工作負荷多，要能期待他們落實除了告知，從學習效能的觀點，應透過高參與學習方式，並告知為什麼，再加上養成繼續學習的能力，才能做得更好。以下舉四個國家的例子：

在挪威，照服員養成教育有感控專章，把病毒、細菌交代清楚。而且上課有很好的教學影片，把病人從到醫院門口被人拍肩問候，到與醫師握手，然後一直到出院，所有過程都用大特寫專門拍接觸感染和飛沫感染，這怎能讓人不印象深刻。同時，老師把戒指戴手上等各種實際容易發生的例子用照片和相關學術實驗論文佐證介紹，學生很清楚什麼溫度、多少時間、什麼材質會發生多快的微生物滋長。於不同照顧的篇章（如安寧）再引導思考特定處境感控。實習時

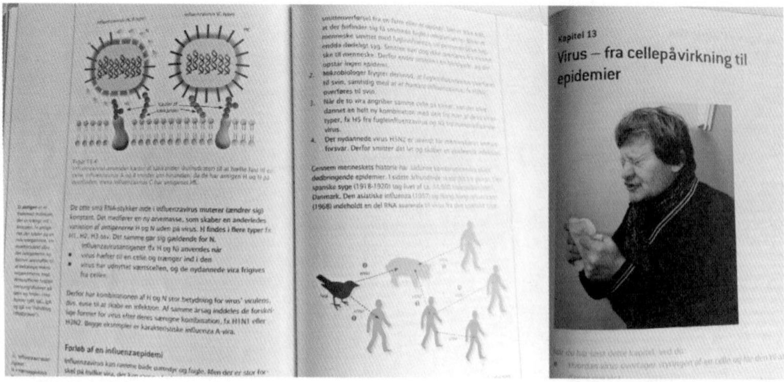

▲ 丹麥教材有自然科學專書，介紹感控新知，而且圖片設計富高度教育效果。

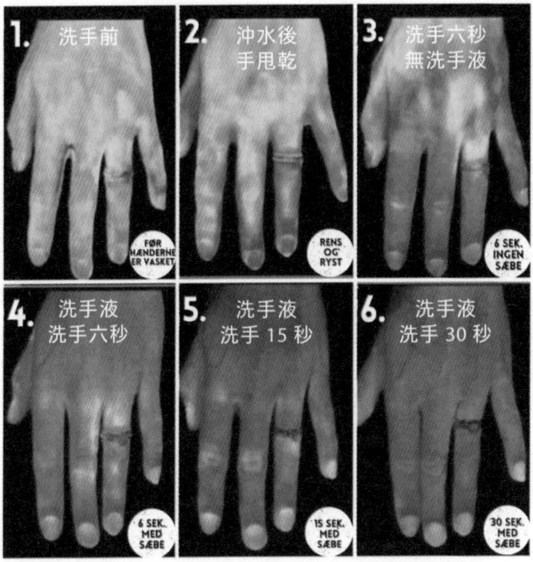

◀ 丹麥老師以圖對比解釋透過化學染色顯影，同學看到有細菌殘留在哪些位置，與洗手洗乾淨沒有。醫院裡的洗手衛生準則是洗手液洗手 30 秒，用紙巾擦乾後，噴兩次酒精手搓乾 15 秒。且工作人員不能留指甲、戴戒指，從圖中可知，戒指區域跟指甲區域很容易藏細菌。

還要求學生相互評分，然後再由學生自己說出做錯哪裡以及正確應該怎麼做。

丹麥已經出版全新教科書用精美動畫和表格來介紹各種流行病特性、傳染途徑和潛伏發病曲線與防治方式。連 DNA、RNA 結構都有，說明怎樣生成發展，說明怎樣攻擊細胞與抗藥性。在學校，老師在實驗室先讓同學從顯微鏡認識微生物，然後再取其樣本塗抹於學生的手要學生按著自己的自由去努力洗手。一回來拿顯示藥劑塗於手上，學生就看到到底還有多少殘留以及在什麼位置，然後再按照老師教的方式去洗手。這樣大家印象深刻，成為帶著走的知識。

在芬蘭，照服員教科書把服裝從頭到腳，還有口罩、手套、器械、插管、消毒設備，一直到垃圾桶如何精確使用確保清潔和無菌，哪些錯誤會導致哪些感染，都畫成精美的程序圖以利學習內化。還有實際現場的重覆要求和評比驗證。例如，乾淨的定義是每次用完餐，所有餐廳的椅子反過來放在桌上，掃完地要把所有椅子的四隻腳底抹擦乾淨才放回地面。因為機構是封閉環境，暖氣之下細菌增長快，所以每餐結束都這樣做。看來費事，可是瞭解為什麼，加上變成規範習慣，也就照做，這保障了許多無力清潔的住民安全。

▼ 挪威老師強調感控，例如居服員若帶戒指，則戒指周圍皮膚處將如何殘留和增生細菌。

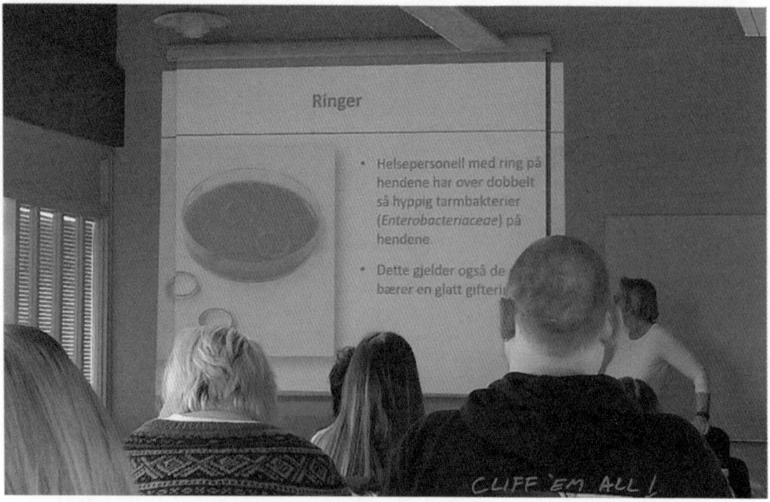

在比利時照服員學校，感控相關主題也有模組課，以教掃地清潔為例，要求同學輪流上台帶領討論，用建構式學習方式，讓大家對於有效清潔要從經濟、環保、衛生、安全等多角度集思廣益。目的在針對成人學習，大家都有很多生活經驗，能夠集合個人的閱歷，整合出更完整嚴謹的知識，使大家一旦畢業投入現場時，能夠務實的一次從多角度思考，怎樣有效完成任務達到目的。每週兩天教室三天各到不同現場實習，理論實務交互學習，即刻討論增強動機。

以上學習需要時間和教學設計。他國多半是兩年，沒有像我國一百小時卻期待有好的感控素養。他國雖然花時間，卻實實在在裝備能力，更能夠有所為有所不為，而且知道為什麼。到了不熟悉的環境，知道怎樣觀察掌握到底該從哪裡入手去降低感染。這些國家投入照服員的民眾，其動機和教育背景與我們差別不大，但透過教育變得更專業，成為人數最多，觸及觀察和服務面最廣的一群照顧人員，他們警覺高，成效可觀。防疫有賴基礎學習，到時才更容易接手臨時政策，並且能很有自信且有共同語言的參與醫護專業合作對話，貢獻個人觀察和建議。若冠狀病毒流行暴露出照顧者素養不足而從此補強，未嘗不是眾人之福。

3/11

照服員增能之道

照服員制度在臺灣沿襲有年，改變幅度有限。對應醫療制度變革、專業合作趨勢、長照觀念演進，養成方式遠遠落後職場期待。政府多次委託研究改進，結語建議分級、延長時數等。但變更幅度受多種因素影響而有限，還有些問題可能因研究委託目的和研究限制，有待更細部斟酌。

以致如今還有很多現象一再被公開討論，如耗資培養而投入服務者有限。還有未廣為公開討論但有爭議之處，如教導學員因風險將部分責任推給家屬。試想，

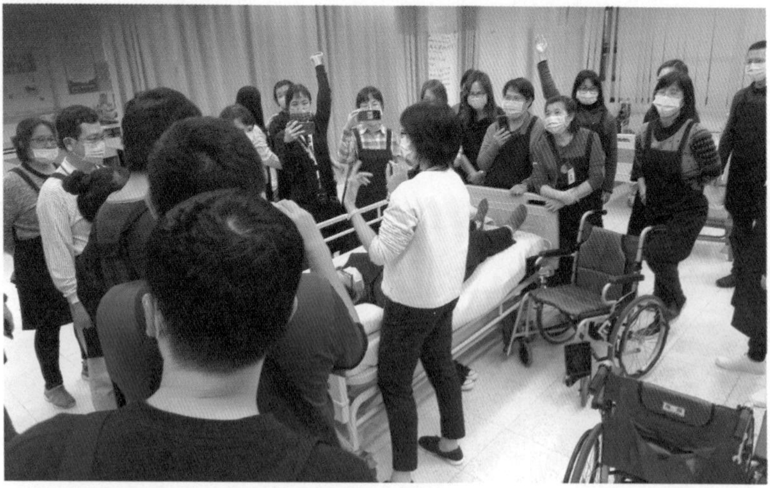

▲ 國內新進照服員課程希望快點產出大量人力，各班別學習效果始終落差很大。物理治療師李葳正在教移位。

行之有年的醫師培育於職場也如此豈不荒唐？

照服員的職務固與醫師不同，但一樣的，要人有何種職業貢獻，得給予對應養成。除非由輕忽、不理解現實，甚至刻意扭曲者訂定養成規則，或任由不明究理的民意左右養成時間和方式。

媒體和某些從業人員將照服員職缺主因歸於待遇，然而待遇從未是任何行業唯一誘因，還與社會文化價值有關，但工作興趣、工作成就也影響至鉅。當今照服員各種不如預期現象當然可以從多角度找問題，但無疑，如養成方式落伍，奢談工作品質、待遇、成就感和投入留任率。

▲ 丹麥護理大學照服員班和教會執事班，同樣重視價值養成，有些老師也一起學習。

聚焦養成，有以下幾點必須改善，雖非一蹴可及，但停滯不前，將繼續耗損培訓投資並造成更多照顧爭議浪費公帑。

①釐清培養目的。是清潔人員？是家事生活助理？是病房看護？是護理師助理？是醫師助理？是機構照顧或居家服務？還有其他職務？是支持身心障或加上高齡失能、失智者維持生活能力？能獨立於社區服務？對應之培養時間、地點、場所、班級人數如何？

②設定招募對象。成年人還是青年人？職業照顧者和家庭照顧者混合？理由？是否分別開班？理由？如何營造價值訴求？如何過濾對象？如何進行諮詢？如何確認承諾？如何看重背景經驗？忽視外籍看護？

③強化師資養成。誰能當師資？哪些領域人員應為師資？職業經驗、學歷、聘請單位判斷即可？不需教學法養成？誰來負責培育確保師資合宜？如何賦予價值倫理和職務定位？

④發展合宜教法。無個別化學習諮詢制度與方法？沿襲填鴨式補習教育方式？成人學習教學法？課本、線上、實作、面對面之混成學習？如何養成自我學習與發展能力？考量文化差異或無關文化差異？

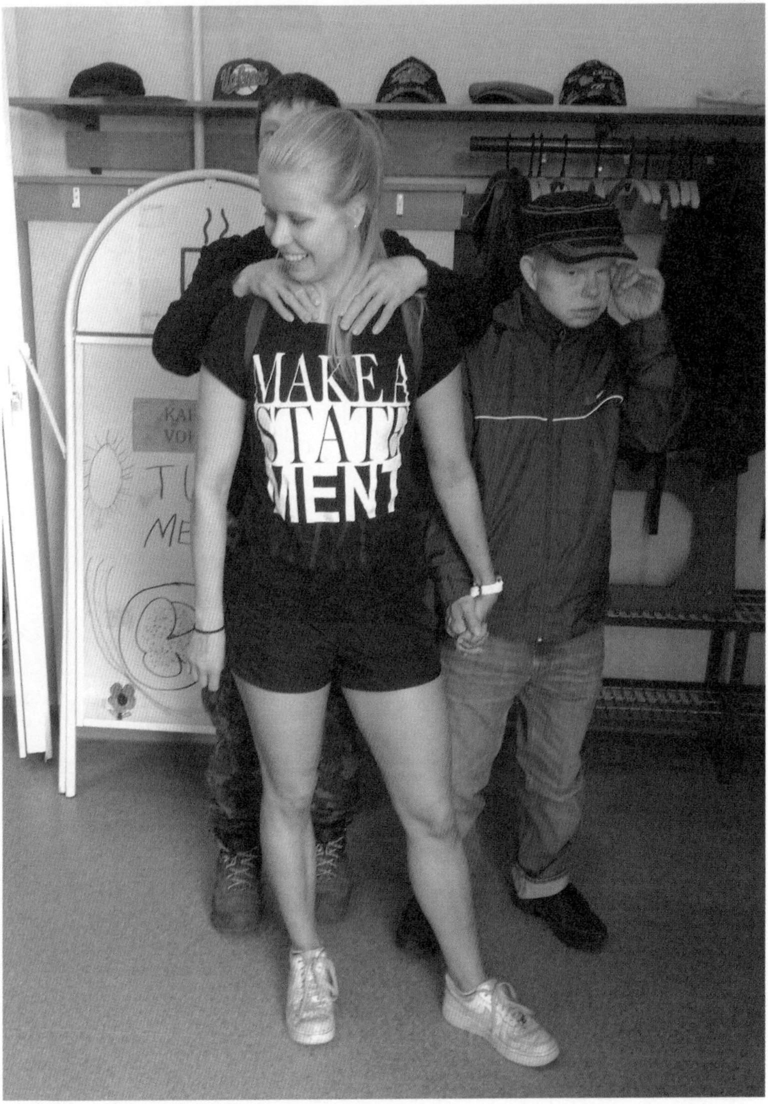

▲ 芬蘭大學同學到身心障活動場所學習照顧。圖為心理系同學協助舞會視障者。

⑤ 製作專業教材。何謂專業教材？如何形成內容？如何轉譯知識展現教材友善？如何增加學習興趣？如何步步引導連結經驗反思創新？如何產生專業榮耀學習經驗？如何更新？

照顧需求未來會加速增加，政策許多環節係假設第一線服務能力達到期待，但與事實不符。若能改善職業照顧者養成轉為更專業照顧者，才可能搭配資源，改變失智、失能趨勢曲線，降低社會負擔，將福祉推向最大化。

▲ 丹麥護理大學價值教育課程，以《聖經》為基礎，透過對話釐清何謂尊嚴和恢復尊嚴。

UNIT IV

人才培育——終身學習

Nurturing Workers for Long-term Care in Countries: Culture Knowledge Methods

4-1 比利時長照體驗學習

做中學不是新的學習方式，因為做比聽更能專注參與。但以人與人互動為特性的照顧服務，因為要提升品質而學，使用做中學，做在別人身上和被別人做在自己身上卻是不同。近年在許多國家設計各種做中學方法，因為教學對象、目標不同而需要不同內容、方法和成本。比利時和英國、荷蘭、法國十年前合作發展老人護理照顧倫理尊嚴實驗室體驗學習。對促進職業照顧者反思改善工作價值與工作方式有幫助。

這類方法在比利時旅北克學習中心（STIMUL）有四、五十種之多，數小時到一天，每人代價一萬到兩、三萬元上下。不只是把人套個墨鏡、綁鉛塊走走路這樣，而是一群不同職務的職業照顧者，出於高強度意願想改善服務，而選擇曾照顧過對象的完整身心行為特性，將之模擬，然後由一群護理學生負責接手照顧半天到一天不等，在特殊條件下透過各種日常生活體驗，反思被對待的經驗，包含視覺、嗅覺、味覺、觸覺、聽覺、溝通、互動、靈性。

參與者可帶個小本子，把活動期間每一秒有什麼新體悟寫下，篩選精華，之後開反思討論會時提出交流，然後選最該實驗的行動於返回職場後實踐，之後一段時間再聚集檢討。這種方式符合成人學習原理，看重過往經驗，希望學以致用，重整經驗帶動創新，而且透過開放交流知識加速成長又比較周延，對比辦公室空想和靠一人英明的思維不同。

由於動員空間、設備、人力還有教學設計，所以成本可觀，適用於非常想參加者而不是免費、湊進修小時數、不甘願而被強迫來充場面，而且師資結構包含護理專業外，還有哲學家。試問，臺灣目前為止，哪一家

▲ 旅北克學習中心（STIMUL）的工作人員協同學校老師一起預備學員訓練所需資源，使其最接近眞實。

醫院或長照機構想到照顧訓練請哲學家來？但比利時必有。另外，這種訓練沒有考試，要能思考，而且有開放的心與人討論，而不是快快從考古題湊標準答案，這又挑戰學員原始教育養成的學習習慣和社會互動文化。

以上方式用於身體失能照顧，也用於失智照顧，而且可用於個別化照顧。筆者曾當學員參加其中一班，模擬在臺當照服員時照顧過的人。也被洗澡、吊掛，與感

▼戴帽者是失智機構護理師，他模仿遊走，體驗別人對待他造成的居住感受。

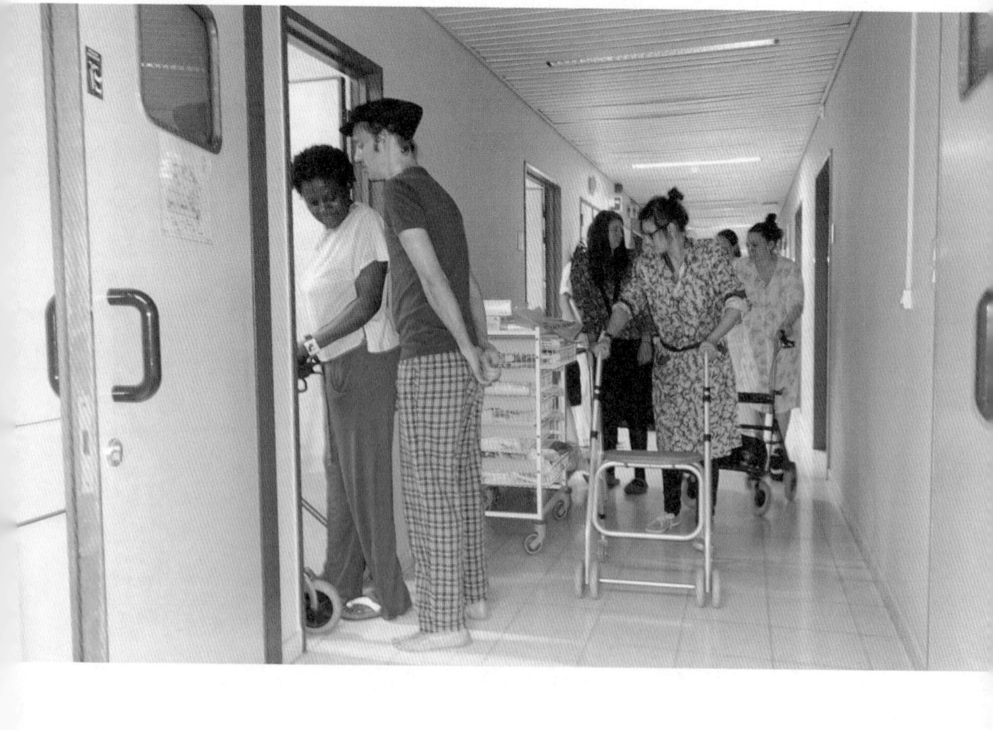

受不被理解的冷漠，當然也有不斷徵詢的尊重。因與模擬失智者的護理之家護理師同住一房，看到他無表情、在餐桌和廁所以不同方式玩衛生紙，與各種混亂行為。事後反思會議，他也提到在哪些場合他需要照顧者慢點說話、避免噪音，給予個別喜好的環境，如何因無表情而被忽視安全感等。他從體會想到回到自己服務機構，會調整住民空間和音樂資源。

這種學習事前告知，萬一模擬太沉重可以喊暫停休息再繼續。以上這位並沒喊暫停，倒是照顧他的學生喊暫停，因為他把別人咖啡拿過來喝，又自己開門出去，學生們不知道怎麼辦。後來筆者在臺灣也曾多次帶領這種訓練，效果很好。但也遇見護理師演到一半暫停，因為想到過去的照顧方式而情緒控制不住。筆者也曾遇見照服員反思時坦承十年來去服務從不與長者互動，只因同業告知少互動才能少被要求服務。這照服員感到歉疚。

臺灣長照發展很快，資源給得多，但對應應升級的訓練非常落伍。加速從填鴨、單向、看低照服員定位與潛力，形式化數位學習，轉向實在而有感的成人學習方法非常重要。因為怎樣養成，會產生怎樣的照顧價值觀與能力素養，也就產生怎樣的照顧品質與資源效益。除非殺雞取卵方式經營，否則，用心培養人，才能創造老闆、工作者、被照顧者多贏。

4-2 以客戶為主體——挪威失智照顧培訓

幾乎所有老化國家都不可避免的，因太多很老的人出現，而有一定比例失智者。北歐挪威早已覺察到這是國家嚴峻挑戰，因而不斷發展策略。挪威衛福部每隔幾年就會制定國家未來高齡友善和失智友善兩種準則，很詳細的解釋根據新研究和社會需要，新照顧理念有哪些原則。有挪威語和英語下載檔，人人可取得。

本於指導原則，全挪威相關學府和訓練與研發單位都依循而作為。其中國家老年健康中心（Aldring og helse）扮演重要角色。這單位是全國老人與一部分身心障照顧的研發和落實的平台。根據二〇二〇年版的失智友善指導原則，加上以往累積訓練方式，設計了VIPS（Value people, Individual's needs, Perspective of service user, Supportive social psychology）訓練方案，已經在全挪威實施。目的是，更有效的幫助基層失智照顧者有能力應對失智者，從失智者的眼光和內心世界，所處的社會和社交環境，更個別化的理解失智者行為，而採取最適當回應。

這計畫先前就已經有專家 Dawn Brooker 著書 *Personsentrert Demensomsorg* 解說理念，後有兩位資深護理師 Janne Rosvik 與 Marit Mjorud 將理念與失智衛教經驗結合，轉成具體訓練方案，並且已有質性研究。[1]

為落實，訓練先有師資培育，也就是希望培養各地有三年工作經驗以上的護理師為種子老師，然後由種子老師擔負起地方照服員與家庭照顧者的訓練責任。訓練者很堅持種子師資要兩兩一組，有個後續激盪交流和相互支持對象。而且一定必須是護理師，理由是護理有基本健康與疾病、生理和心理等多角度知識背景，由護理師擔任師資，還可以當被護理師培訓的照顧者的後續支持者。一旦照顧發生各種現象，可能有各種原因，護理師可以根據狀況全觀評估，是否要請醫師介入。

師資培訓一共進行兩天，一次可達三十人到四十人。第一天上午有失智照顧基本知識，以患者為中心的涵義。兩位老師已經歸納準備好一些系統化的觀察方向，以便學習者掌握基本方向，來閱讀照顧者與失智者互動，形同檢核表，以便進一步引導照顧者時，能

---

1 請參見：https://onlinelibrary.wiley.com/doi/abs/10.1111/j.1748-3743.2011.00290.x。

提出適當的問題幫助對話反思。這樣可以幫助照顧者發現問題，據而有所為和有所不為。

下午課程是角色扮演。並非老師預設內容腳本，而是由參加訓練的學員分組後，各自討論，由組員反思提出自己的照顧經驗，找一個曾困擾的照顧故事，和同組學員協商，從每個人提出的故事挑選一個來角色扮演。鼓勵同組若甲組員的故事要被演出，由甲組員以外的組員擔任演出。這樣大家參與和同理機會更多，學習效果更好。

演出時，各組因為早上已經上過基本知識課程，所以人人對怎樣解讀有概念，不會過度發散，而這些觀察角度正是日後種子老師帶領其他學員時一樣的方式。Janne Rosvik 說，種子老師不用太擔心以後無法勝任，因為把基本的做好很重要。

培訓第二天，會把昨天下午演過的故事再演一次。Janne Rosvik 說，教學設計是這樣，目的在從學習效果看，第一天演了，晚上空檔可以想想。然後再演，這比第一天演完就結束，會更有消化的效果。因為大家需要時間去思考教材，需要時間結合以往的經驗，這要給學員時間，更何況訓練不是只來趕著拿進修小時數研習證明的。

第二天下午有反思討論會，針對第一天演出後和第二天演出後，兩次根據第一天上午學到的幾個觀察應對提問方向，大家一起討論到底腳本中的故事要怎麼因應。例如，有位照顧者走進失智者身邊要給藥，失智者一拳打過來。從照顧者角度看，直覺反應可能是失智者有問題、有暴力。但從失智者角度看，可能有什麼事情在內心，因為無法表達而用手臂表達，也可能是因為認知退化，對於背後忽然走出來一個人採取防衛措施。

針對第一點，可能要從患者歷史來探索，也可能要想一下是否失智者控制不住自己，他也不是故意的，就是控制不住。所以，照顧對策是提供資源，幫助失智者能控制住自己。

▼ 護理師 Janne Rosvik 引導臺灣護理師如何操作照服員以失智者價值為本的動腦會議。

第二點則考慮以後照顧者要遠遠的先從失智者能看得到、更有心理準備的方式逐步接近，並且以友善的肢體與表情，讓失智者感覺到安全感，再逐步接近患者，給藥。相同道理也應用於頻率更高的給水和其他互動。

執行授課的另一講師 Gry Hole 再舉例，在機構一早，照顧者進入失智者房間，喊早安，然後送早餐，可能失智者沉默不語甚至有別的激烈反應。如果只從照顧者完成例行任務角度看，這時就是要叫失智者完成吃飯。

但是從失智者角度想，很可能這時吃飯不是重點，失智者思維可能正在另一時空，正在想以前的事。若過度催促用餐，等於硬要叫失智者脫離腦海當下思想的時空情境，這就形成壓力。有壓力又不一定能用言語表達，可能用肢體、可能不溫和。

VIPS 計畫不僅教以上能力，還教照顧者尋求創新人性照顧的爭取資源架構。幫助照顧者想到，一方面就個人親身經驗不斷翻新求好，同時也覺察是否需要組織內其他資源配合，以及如何透過主管尋求決策者支持，而不是怨嘆沒辦法就不了了之，繼續困於現況。

VIPS 種子師資培訓同時，國家老年健康中心另有詳盡的失智跨領域基層專業工作人員長期在職教育方案，編有厚實而通俗的學習教材手冊 *Demensomsorgens ABC*，已編有第一大冊和第二大冊，讓學員逐步進階學習。

每大冊有十幾個單元。每單元內容有基本知識，之後有主要提問。包括溝通、情感發展、如何應對、視力聽力障礙、早發失智、身心障者年老失智、評估、活動、放鬆、環境設計、靈性、特殊文化族群失智照顧等。

每個縣市八人成共學小組，每月研讀手冊一單元，在家讀完，把手冊問題也想好，然後來面對面開會。輪

▼ 衛福部南區老人之家以挪威「讓失智者好好吃餐飯」藍本實驗改善失智區用餐。

流當主席，帶領討論。總計要進行一年半到兩年，目前全挪威已經有九成六的縣市參與。

幾位參與教學的老師都說，失智知識很多，基層照顧者不用擔心學不來。因為這手冊以及VIPS都是許多有教學經驗的老師們消化、轉化重新編寫，考量基層工作者的工作需要和學術背景，將知識通俗化，讓學習者可以跟隨。很重要的是，這種討論可以引出每位學員的實務經驗，把照顧困境帶到課堂來，彼此交流找更好的方法。這樣學習很實際，照顧者也感受到支持，增強工作能力。

臺灣近年開始積極推動失智共照。然而失智專業是近年逐步受到重視，但多數醫護人員在校時對失智和失智合併多種失能的照顧，瞭解有限。即使目前大學相關科系教育的失智領域學習質量仍有強化空間，更不用說被期待的照服員和二十六萬以上的外籍看護。

臺灣失智人口不停增加，悲劇時有所聞，是很大的社會代價。而且很多失智者在家，是老人照顧老人，心力沉重可見。另外，因老人多、失智多，急性醫療院所已經有不少護理師表達在一般病房也面臨更多失智病患挑戰，所以照顧者在職學習極為迫切重要。學習要有適當的方法和教材，符合學習者的背景與期待，以上挪威做法之系統嚴謹和從中央到基層之一貫持續，或可參考。

4-3 學習新方法改善失智照顧

隨失智人口增加，怎樣提供適當照顧更形重要，這根基於好的照顧人才培育。良好的訓練，幫助照顧者秉持人性、正向的照顧價值，如丹麥照服員教科書失智一章開頭說「我們要理解，失智者和我們一樣，有各樣需要和想追求生活理想。照顧就是支持弱勢者追求自我實現」！這和把上百種失智者都當成一樣，認為是製造問題的人，是何等差別。

其次，為支持失智者得到生活幸福，除對腦部與行為關係有基本認識外，照顧者得有觀察、覺察能力，理解環境聲光和溝通對照顧品質以及照顧者的影響。隨著知識翻新與科技進步，越來越多訓練方式出現，如來自荷蘭的 Marte Meo。

類似的方式後來經各國如丹麥的實驗調整，發展更多樣訓練方法如 playback 回溯學習。共同特性就是本於成人學習原理，相信照顧者有自我發展的潛力，用錄影和分析討論，找出更適合溝通方式的切入點，然後不斷嘗試，從中幫助照顧者摸索出個別化應對失智者的能力。

例如失智者拒絕洗澡，照顧者本於束縛強制違法，又有清潔衛生需要，在符合實驗教學倫理前提下，架設錄影機。先討論如何溝通，達成共識，照顧者兩到三人一起或輪流進入失智者房間邀請失智者洗澡。若遭到拒絕，幾位照顧者退出現場，將剛才邀請過程於討論室重播，分析照顧者如何進入現場，如何接觸失智者，如何開啟非語言和語言的對話方式，失智者如何反應，然後照顧者如何迎接再回饋。接著討論爭議點在哪裡？

確認這些流程，與會者是否有共識，然後一一分析，設想再進去失智者房間一次時，有哪些元素可以調整，和什麼根據要這樣調整。接著，照顧者再進入現場嘗試。就這樣反覆進行，以確保照顧者和失智者有安全感為前提，不斷嘗試最有效溝通方式，由此發展知識，做為因應更多不同類型失智者的方法。

這類錄影回溯學習，當然要有很好的引導者，而學習者也要有動機，希望改善照顧品質，雙方都要有耐心又願意反思，而非被強迫或無心以實際行動投入就能學好。表面看，這樣很費時間，光為如何順利洗澡，照顧者們就要進進出出幾次，為的只是順利幫失智者洗個澡。讀者若是長照工作者，可能會覺得這要花多少成本，這就挑戰職業與專業理念。

一如歐洲許多不斷發展的有效照顧方法和照顧者訓練方法，其結果讓人眼睛為之一亮或者被描述成很有溫度云云，背後若一層層追回去，不能避免的，都要面對一個問題，就是為什麼要花心思去研究改變互動方式？為什麼值得這樣做？為什麼失智者值得照顧者這樣費心努力尋找不同方法？為什麼要更細緻的設計訓練方法來啟發照顧者結合既有知識經驗，去找更多方法？

這樣一路問到最後，就會問到信仰，掀開我們投入照顧時對人的價值和人與人的互動關係的意義是如何理解。尤其是當人失智，外表看變了一個人，打破周圍親友對他的認識，當衝擊如此大的時候。我們到底將人的價值建立於身分、地位、財富和行為能力，還是另有所本呢？

▲ 荷蘭失智友善教練 Ina（社工教授）和 Wycher 在高雄示範給失智者安全感與意義。

展望未來，臺灣失智者一定增加，如何幫助職業照顧者成專業照顧者非常重要。訓練得留意千萬別便宜行事或處處求簡，跳過對人的價值的思辨，直接進入買器材和給藥或營養食品，或很制式的懷舊景觀和歌曲，更非放任孤立待之。還是要從價值入手，才能看懂如 Marta Meo 這類方法背後的精神，才能避免熱鬧一陣不了了之，或誤用、濫用之，而真能善用之。

▼ 天主教聖若瑟失智老人中心主任陳俊佑在照服員對引導老人洗澡招架不住時，扮醫師前來救援，因失智者還是尊重醫師。失智者由職能治療師鄭又升扮演，這是員工教育訓練。

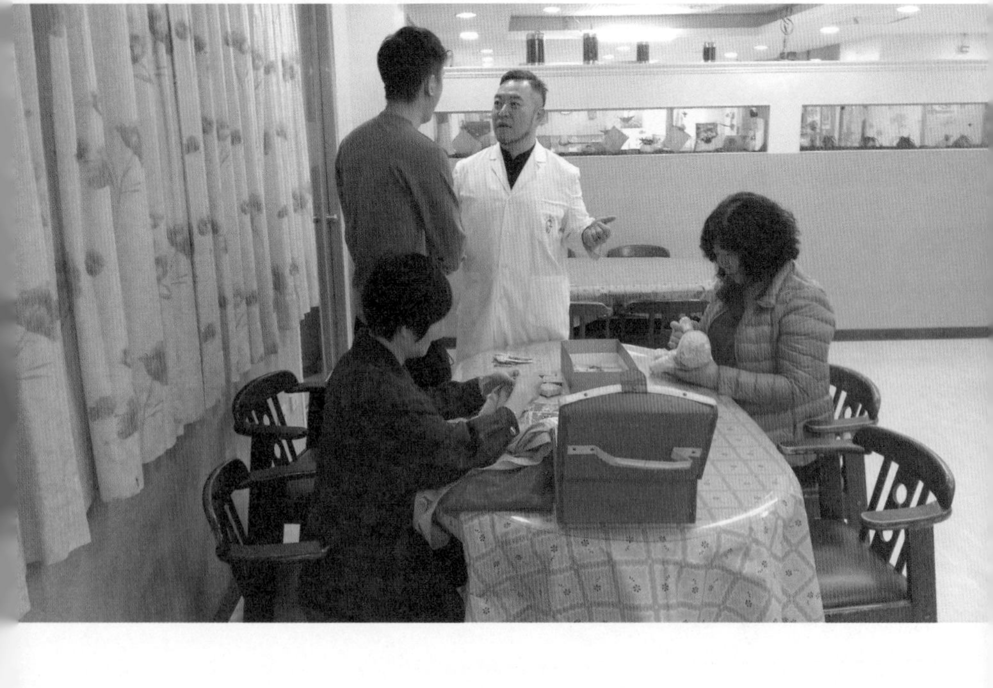

4-4 荷蘭長照福祉學程

臺灣正在火熱投資長照。政策制度引起很多討論，怎麼改總是眾口難調。這其中固然有既得利益問題和制度形成要更嚴謹，不能只是配合選舉。但另一方面更值得注意的在人才養成，因為人才養成決定從業人員價值、格局、能力與自信。填鴨速成是否能培養更有能力的人才很有討論空間。荷蘭的長照不斷引起臺灣注意，從失智村到居家服務，再到各種有趣的生活樂趣和支持自主器材，已經花掉可觀費用與時間交流參訪和邀請演講。可是這些不斷發生的亮點，尤其感動人的人味，其實是靠不斷翻新的教育。以下福祉學程是個例子。

學生總數超越一萬的荷蘭北部菲士蘭區的史丹頓應用科技大學（NHL Stenden）社工系除培養社工，考量到社會需要，開設兩年制定期上課的福祉學程，專門招收在職工作人員。這裡指的在職生，不限定醫護，還有建築裝潢等，只要對福祉全面思考設計有興趣的各行從業人員都可參與學程。不擔心誰不懂誰的專業，而是希望他們有更多互動，共創未來。比起職場需要跨域合作時的彼此不熟悉、不信任和摸索付上代價風險，這裡提供很好的互動機會。

新一代學習幾乎就是當前臺灣開始流行的名詞「設計思考」縮影。史丹頓應用科技大學就校名看，與臺灣的科技大學都是科技大學，好像不如研究型大學，實際上這裡是國際間新一代大學教育「設計基礎學習」(design based learning) 先驅。非常重視觀察社會變化，發展先進的創新服務方法來強化學生裝備務實帶著走的能力，去因應各自發展目標的接手能力。

社工系是該校最早啟用這種重視創意合作、系統化發展周延人性服務設計的科系之一。額外設福祉學程目的在提供在職長照人員從更全面角度看照顧，讓照顧需求隨人口老化增加，資源越來越有限時，能有總體觀察客戶處境和需要的素養，以便客戶更滿意，照顧者也有成就感，資源也有效運用。

由於民眾所處環境加上制度變化，許多挑戰已經非以往醫療分科和偏重看病輕忽看人的想法可處理得當。另一方面，許多現職長照工作者年輕時所學多為急性醫療，現在又忙，不容易跳脫窠臼，大學看到這種市場，希望透過這個學程給在職者增能反思機會。

福祉學程基本論述引用學者Huber（2011）的看法：「健康是面對社會、身體、情感挑戰時能自我管理」，然後以更全觀方式分析理解失能、失智或其他身心脆弱者的（vulnerable）醫療健康與生活照顧，這樣更能省思到底關乎福祉的照顧優先作為，與對應的資源配置為何？釐清價值理念，然後根據價值理念推演人的需要。看到需要長期照顧人的幸福感可能個別化、多層

▼ 荷蘭 Stenden 大學社工系教授講解用設計思考教育（DBE）發展務實周全銀髮社區。

面，透過對話協商，本於專業、更精準對應人的需要，稱為二十一世紀的專業發展能力。

實際流程包含認識人的身體功能、每日生活功能、心智幸福感、生活品質、靈性與存在價值、社會參與。學習方式包含彈性、混成、合作、獨立摸索、評估、設計學習等。針對的服務對象有老人、失能者、社會工作對象、難民。從中學思考方法（如創意）、工作方法（如溝通）、工作工具（如科技）、怎樣生活於世界（如規劃）。

學程負責人艾利斯・盧文達（Elles Rauwerda）說，福祉學程和過去長照課程設計相比，越來越重視學生經驗和潛力，提供學生最大學習彈性，這樣才能符合學習需要，達到最大學習效果。等同送給學生一個發展引擎。兩年課程有八個模組，包含預防醫學、照顧科技、心理幸福和享樂、工作整合、社會參與、專業化與專業主義、從國內與國際願景與政策脈絡看工作、研究發展等。

同學可以根據興趣，和老師討論後，決定從任何一組課程開始。這意味著學生可以設計自己的學習路徑，不用受限，也可以找幾位想法相近的一起這樣做。

艾利斯說，這種設計的基礎看法是，學生知道他要做什麼，沒人告訴他必須怎樣，學生要去想，到底需要什麼？新的學習方式要去發現如何學，從哪裡開始很自由，學位證書不再是最重要，因為在職比的已經不是證書，追求的也不是文憑，而是達成成就要裝備的能力。

通常新學期一開始，老師扮演諮詢角色，問學生你以前人生怎麼過來，和你現在做什麼。這類互動大約花六週。「因為有的人只是在組織做個別職務工作，不表示他們很瞭解所屬的組織。老師幫助學生覺察處境的前後左右，更廣的思考，才開始談你想從哪裡開始，然後學生決定下幾步怎麼走」。從最想學的開始，這是放大學生參與和思考，學校認為這樣讓學生持續處於學習狀態，學習動機也更強。而且更容易強化專業職能，因為職場的問題解決也是相似流程，完全更依據學生興趣。

艾利斯說，「新的學習，不再寄望學校教室學到全部知識，學校改變角色，搭配數位資源，老師好像教練和學生在組織一起學，透過諮詢引導，把世界介紹給學生。學生在新的學習設計中很自然的跨域去做，和同學彼此學習成長，這才是學習，才是教育」！如果對照上述課程規劃就知道，也必須搭配這樣的開始，才能讓學生預備好接收那些課程。

由於數位資源發達，學生能接觸的和教授能接觸的資源相近。艾利斯認為，過去的教學思維把學生看得太小，要讓學生感覺強大，學生更願意學。老師如教練，責任是去問而不是一直教或者倒資訊，更不是硬要學生坐在教室。福祉學程並且擴大做中學的比例，讓學生更多時間在工作職場。這不是要讓學生好混花錢買學位，而是將學校所學有更多機會連結職場。也因為如此，放權力給學生就是因為學生更清楚怎樣搭配課程才能最接近連結職場問題解決。

從以上分析可見，福祉學程一進來學習，起跳格局就已經是很廣的眼界，讓學

▼ 荷蘭大學社工系教授們一起參觀專畫失智者的畫坊，畫家解釋做畫過程與體悟。

生脫離過窄的專業，但也不是漫無目標。而是由學生提出期待，本於自己在職場的興趣去整理自己的處境，發展和管理學習。這和很疏離感、無奈的只是因校方要求而來得學分，或人在心不在的在教室滑手機、做私事，或沒興趣的也必修，或表面是選修而其實也不得不選，或所學和工作無關而兩頭燒，是多大的差別。

從照顧服務發展歷史看，不是破天荒，但若說長照人才養成方式推進，當不為過。事實上照顧服務發展也的確需要這樣的人才養成，讓彼此有開放態度和共同語言。能合作才能發展，而不是各懷鬼胎從本位去分政府的錢，對照顧對象卻不是完整和有效、有前瞻性的服務。

臺灣近年照顧實務界和教育部也意識到跨域能力重要，以實務界來說，間歇性斷斷續續的跨域學習，教學法與教學資源都有待提升，才能避免上百人一大群忙碌的來、快快的走，無實質互動，為的是研習證書，卻未必提升能力。更不用說激勵脫離較窄的視野，有更全觀的福祉觀念重新看待職場服務改變。

推廣跨領域合作發展創新，以教育系統來說，實施方式是要各校提計畫，照顧相關科系院所的人員忙著拿計畫是因為要爭取獲得計畫，或者只是某些老師之間為爭取而爭取，或者由新進助理教授承擔整合重任非常辛苦，但這並不是荷蘭這種學習制度。長照相關系所修課制度和教學法給學生的彈性仍低，或尚未積極鼓勵學生更自主目標導向學習，以致連接實際工作還有相當距離，有些可惜。

臺灣也已經至少有兩家大學有以福祉為名的科系課程，稱福祉科技，但細看可見，其英語名為「Gerontechnology」，這是偏向機械、資訊等科系要發展輔具、床墊、機器人、定位等照顧服務科技工具的學習，加上老人學、心理學等課程，其實原始也來自荷蘭。這些也很可取，畢竟我們開始有這種單位。但從荷蘭福祉學程鼓勵有人文思考，全面看人的需要來調整供應服務的設計，讓在職學生理論實務非常緊密結合的整合學習、自主學習設計來看，我們還有很多發展空間。

科技是全面深思失能、失智者福祉後可能動用的工具，但福祉學程包含的不只科技，更不是只想到智慧科技怎樣增加產業，因為很多服務不一定用到科技，不是為科技想出路，而是顧念人、和人溝通、一起透過觀察覺知和集合各種專業學生的經驗來思考，為人的價值彰顯找出路，找出人繼續活下去的意義、幸福與希望。而且因為上述學習設計和招生對象，將可能更節省摸索耗費，因為投入者都是正在工作的人，他們不容易做不實際、空想突兀的服務，又能跨出單一組織的侷限。

或許以上荷蘭發展可供參考。當然，東方文化重視考試、重視個人出頭、被動學習、不習慣發問、不習慣合作、以職業和收入看高低而難平等對話、喜歡聚焦問題而不是聚焦解決，便宜行事，這些邀請荷蘭人來一百次，他們也不一定立刻看得見特定文化下的發展挑戰，這我們得自己努力突破。這樣，臺灣政府動用龐大資源，才可能更有效運用，創造夢寐以求卻不知如何著手的人味福祉。

4/5 戲劇學習——奧地利長照劇場

由於長照服務越來越多，讓長照服務有溫度是眾所期待。照顧者訓練養成很重要。但如何做呢？各國有不同方法。在奧地利，政府有鑑服務者多，照顧者溝通理解能力很重要。由社會福利部支持，與擅長教育訓練的劇團 SOG 合作，發展專為長照工作者在職教育的戲劇表演。SOG 先前已在各學校與訓練機關有多種戲劇演出，支援健康促進與公共宣導行銷有成。

通常這種演出先由安養機構或照顧服務團體本身期待改善某些問題，聯絡此劇團，劇團人員來訪溝通，確定想改善的問題和表演所需資源道具，以便在有限空間能充分從視覺展現重點。協商好後編劇本排練，擇期於在職教育中執行。每個演出段落都有背後的訴求重點與主題，而且轉場極其流暢自然，已成為一部分可看之處。

執行時，通常參與者聚集台下，演出後由演員帶領討論。某些關鍵劇情若學員有疑問或者另有更多想法，可以進入劇場情境角色表達自己的照顧溝通因應方式，讓其他學員一起看，再進行討論。如此激盪教學相長。

表演不但有專業演員，而且一旁還有大提琴撥弦和樂曲與音效拉奏，製造不同劇情環節的氣氛來引導觀眾更進入情境氣氛。必要時，一旁還有演員協助朗讀旁白，幫助觀眾更瞭解演出和更投入現場。

不久前筆者獲悉這項資訊，幾經聯繫，幸運徵得劇團同意，他們將已經進行過的劇本演給筆者看。演出了三段，包含「老太太失智，老先生照顧」、「老太太過世，老先生失智由女兒接手照顧」、「女兒改由外籍看護照顧老先生」。

這三段各有互動重點，包含時空錯亂、生活溝通衝突、如何配合失智者生活帶來安全感與幸福感。

▼ SOG 劇團演員扮演老先生照顧失智老伴，一下子獨自接手所有生活照顧，包含梳頭，充滿調適挑戰。

以老先生照顧太太一幕為例，老先生要幫助太太生活所需。因為太太已經失智到無法執行生活自理。他一生未曾幫太太梳頭，臨老要學習。站在太太椅子後方很辛苦，而且太太說話不連貫。先生看太太外表是太太，可是太太的應對卻如同換了一位陌生人，讓先生很難以接受又要疼惜。

女兒照顧失智父親那場，父親不知為何忽然四處翻箱倒櫃，看到一塊布，誤將有魚圖樣的布當成魚池而在客廳要捕魚。他把茶几上的蛋糕撕碎當魚餌，後來還撒網收網。這時女兒進門，父親快樂的分享捕魚，女兒一臉錯愕挫折，難以置信。

這時大提琴伴奏者從前一段祥和有趣的舒伯特〈鱒魚〉拉出重複快速的節奏旋律強化張力，觀眾一下子也轉換情緒。

另一段是父親拿起老相簿與女兒分享。能看照片是好事，不料父親其實把女兒當成妻子。女兒一再否認，造成父親憤怒悲傷。

接著父親想外出，女兒幫父親拿帽子，因為外面天冷，而且女兒認為父親以往習慣戴這帽子，但父親堅決不肯。女兒這時情緒來了，以怪罪式溝通責難父親，這讓父親更火大，於是好端端的外出變成吵架不知道怎麼收場。

◀ 老先生在失智妻子過世後也失智，時空混淆，把客廳當捕魚池，窗簾布當魚網。

▶ 老先生失智由女兒照顧，女兒面對難以預測的情緒與行為，產生許多無奈和衝突。

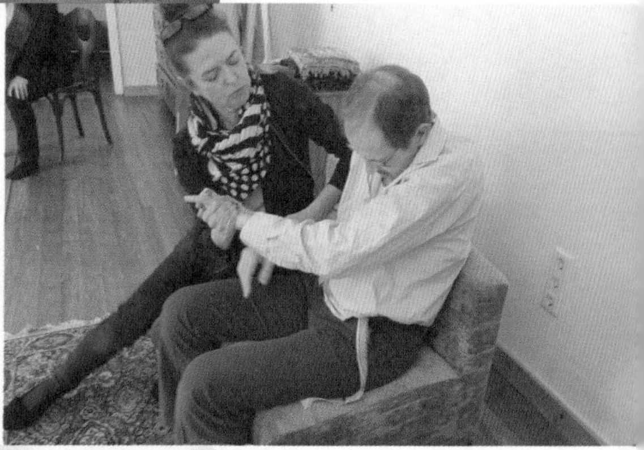

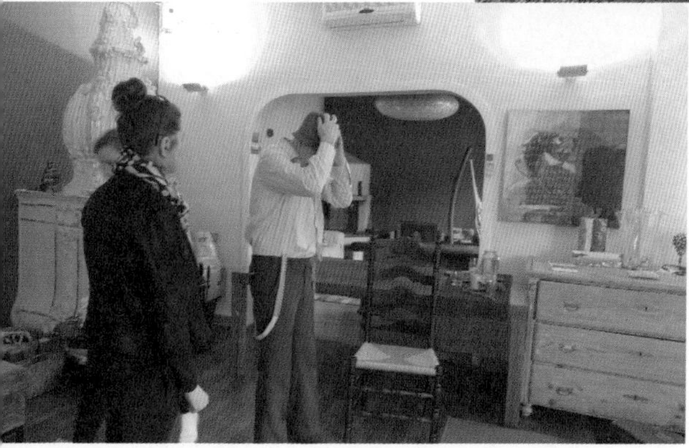

◀ 女兒按著父親以前習慣協助穿著，可是父親拒絕，氣氛更緊張，女兒不知所措。

至於外籍看護接手。老先生出現幻覺。把客廳接近窗戶地方當成公園，說來到這裡真好，還描述看到美麗景色。外籍看護從斯洛維尼亞來，會一點德文，但不曉得老先生怎麼了而不知道該怎麼接話。不過能掌握給老先生好的感覺的原則，順著對話給老先生愉快回應，老先生覺得美好。其實這位演出者後來向筆者表示，她那天是第一次參與長照劇場演出，自己也很受衝擊。

SOG 長照劇場負責人布萊及特說，「好的戲劇演出能將觀眾帶往另一世界。長照劇場很重要的功能是幫助學員進入被照顧者的世界」。演出後帶領討論也常一直把主題放在省思理解被照顧者的生活想像和環境解讀與感受，再來討論如何認同和還就這些理解，發展更符合倫理又實際的因應照顧。希望這讓被照顧者和照顧者都好過日子。

過去這類學習稱為同理。但教室裡老師唸課本，用工具體驗等有很多方法。戲劇有劇情脈絡也有張力，很容易吸引人，因此也比較幫助學員融入學習而不枯燥。

曾在二〇一八年邀請劇團來自己服務組織 Diakoniewerk 演出的照顧企劃發展主管妮可巴和娜說，邀請演出一次的成本很高，通常一個照顧服務機構一年一次就很多了。而且演出後會有後續照顧改善行動，所以整個學習計畫會跨好幾個月。

臺灣長照訓練已有多種課程。有針對技術的，也有行政表格填寫的。關於照顧價值觀與溝通的也有，但是學習方式仍以講述和介紹個案為主。如何讓學員有感，能舉一反三，能結合各種知識，就本地文化背景提供更好的服務，仍有待努力。

過去臺灣有角色扮演，但多半是學員臨時組合短劇。後來有專業劇團表演還收門票，但也僅止於零星演出。至於專業戲劇團隊投入照顧服務訓練演出者，目前還未出現。

如奧地利經驗，這類演出很花心思，能提供不同傳統教學的效益。但演員要能帶領照顧者討論，也需要養成。展望未來，我們應發展更多重視價值與溝通的訓練，並能適時納入更有參與臨場感和深度反思如專業戲劇現場表演的訓練方式，來強化和內化服務理念與實際作為。

4/6

奧地利高中失智、失能素養課程

奧地利聖心中學（Gymnasium Sacre Coeur Wien）教室，高中同學分組上台報告提案，不是要做什麼科學競賽，而是提案如何設計給中小學生理解的失智行銷文宣。訴求重點是什麼？怎樣圖示？小簡章怎樣設計？希望達到什麼目的？放在什麼地方用？或者設計成數位版是非題限時遊戲，解說失智的錯誤理解和正確知識、失智和憂鬱有什麼不同？可能幾歲開始？和低血鈉、貧血反應有何異同？怎樣的網站較清楚診斷前與診斷後有什麼情緒反應？生活有什麼改變？哪些專業人士可伸出援手？可以做什麼活動？人們要避免失智，優先要注意什麼？如何用多一點色彩降低負面感覺？

老師則像博碩士口試教授一般，在台下一一給予評論建議，還要問漂亮的計畫能否如期完成？由高中生設計文宣，老師覺得他們剛走過青少年，和弟弟妹妹更有共同語言，而且正是開始探索外界、學習能力最強的時候。同學討論得很熱烈，因為先前他們已經有服務學習和閱讀，所以設計文宣很有感。這樣對他們和下一代都好。

這是奧國高中推動「社會能力」(social competence)課程的縮影，其實整個計畫包含行銷、體驗、結合不同科目課程，而且從十三歲一路到十八歲，還搭配較小規模的「憐憫熱情學習計畫」(compassionate project)。人口老化需要全民同理，才能讓越來越多衰弱者得到幫助。奧地利一所高中有鑑於此，開始幫助國高中生裝備這種能力。

以在維也納的聖心中學

▼ 聖心高中同學轉化長照見習經驗設計給小學生的認識失智教案，分組報告互評。奧國公視 ORF 來製作節目，顯示社會對失智活動重視。

為例，是在原來的「社會能力」課程。一般來說，學術領域對這詞的定義包含因應與態度等能力，也有人稱為素養。對應個人能力，「社會能力」希望培養人具備良好人際關係和團隊合作需要的行為、態度。當然，這不是只靠讀書，還要搭配合宜的體驗、反思和引導。看起來不是短期亮點，卻是很有遠見的新時代公民培育。

聖心中學在少子化趨勢依然學生來源不斷，因為教育方式得到肯定。但也因如此，各界對其升學表現很有期待。在這種情況下，世界皆然，凡不是直接對升學有效果的學習容易被質疑或阻擋。但這也取決學校怎樣看待到底什麼是「能力」，以及有無可能打破二元思考，適當的把多樣能力有效融合於課程，讓學生覺得有趣、有動機。

好在有老師堅持而且拿得出辦法。主責的古德魯老師（Gudrun Schellner）也是修女，有在天主教機構照顧失智者三十多年經驗。例如外界認為失智很容易害怕，但古修女說其實不然，只有初期特別如此，因為還有理解擔心與記憶的能力。這就是她的實務經驗。

她設計一連串學習，選擇起於十三歲，「因為這是開始發展的年齡，對外界有更高的興趣，但又還沒有被更多刻板印象制約」。十三歲就有認識失能、失智的基礎資訊和較簡易的作業練習，然後閱讀文獻，結合體驗失能課程，幫助大家更有感。體驗課不只是矇上眼睛或拿根拐杖加鉛塊走走，還要到超市購物，這類更真實複雜的生活流程與情境。

在十七歲前每年同學有戶外旅行，到這一年則用那時間來進行兩週服務學習。先在各種正規課程結合相關知識。以失能、失智來說，拉丁文課程置入有關於醫學用語；生物課有增加老化、

▼ 聖心高中連智慧老師帶領同學在失智聯合聚會唱詩，並到失智者旁激勵陪伴。奧國公視 ORF 來製作節目，顯示社會對失智活動重視。

肌肉功能不彰、腦退化、細胞死亡探討；心理學則討論人類從小到大發展階段，其心境與需要。

服務學習前有兩到三個月準備，包含如何與身心障互動、如何與難民相處、讀文獻。事實上他們前一年都聽過學長姊分享，學校也會公布有哪些機構和機會，大家可以選擇。然後兩到三人一組前往，前往的前一個月密集思考預備。學生的作業包括「設想去服務的兩週對自己會有什麼影響？那裡吃什麼食物？為什麼？怎樣同理被服務者？我自己平時的睡眠習慣會有什麼影響和調整？我的家人可能因為我去而失去什麼」？老師預備很多問題，也引導同學想更多問題，「想像這人感覺，如何生活？需要什麼？預備時可以問誰？到了服務現場可以問誰」？

古修女認為，這些預備幫助學生掌握自己的不安全感。而且服務過程與被服務者互動時，會問對方，可是對方不一定如預期回應。所以學生也學習為什麼人家沒回答？也許說得太小聲，也許對方不瞭解我的表達方式。這時該去找誰，如護理師。結束服務後要做簡報，之後到不同的主題課程去分享。因為這是教會學校，此時也可帶入信仰的人觀和服務思考。

古修女甚至鼓勵學生從所經驗的故事同理，把印象最深的做成圖片相框或小紀念品放在生活最常經過的地方，成為生活的提醒與幫助。從十三歲到十七歲，一路慢慢體會很多事，例如生活中能用和不能用感官是什麼意義？甚至還鼓勵學生設計一週的計畫，把遇見死亡到告別的過程製作手冊給父母看。「認識生命越多越認真，就學會生活」。不要認為青少年不能理解，其實他們已有些家人變故經驗，教學只是組合創造機會。

到十七歲去安養機構時，可以選擇，真覺得困難可以換別的體驗。是已經走過十三歲以來的經驗，帶著走過的經驗，從統整學習珍惜所有，明白以前不明白的。服務學習後有兩週省思時間，然後簡報分享。很多同學後來簡報也像他們的學長姊一樣，給學弟妹聽。他們分享很多，例如知道學習去聽別人說話，怎樣是眼神交會的積極傾聽。參與老人的生活經驗，如以前的音樂、書籍、歷史，瞭解之後更能溝通。

古修女說，要高中生就學有憐憫行動是太不可承受之重，沒有必要，而是瞭解、觀察，例如為什麼一位老人悲傷？打開眼睛，學習留意一些以前沒留意的事。但這個過程也可能燃起熱情。創造互動的態度，這是社會能力學習的目的之一。學生明白不論學什麼，學語言、數學都好，「我不能孤獨獨自生存，我需要別人，別人也需要我」。

十三到十七歲這樣長的學習過程慢慢涵養，和短期亮點隨即結案的計畫效果自是不同。至少給學生時間，而不是速速配合老師，讓學校好對外交差或參賽增加績效。從學習金字塔的原理看，坐著聽到有行動，再到設計教案教別人，這比起只是坐著聽的學習效果要大很多。古修女和接待服務學習的安養機構主管，也是學校校長夫人的克莉絲汀都說，這樣培養學生，並不是要大家都去學照顧專業，而是期待有一天他們長大入社會，不論當律師、醫師、老師或是各行業，散到各處都能因年少的學習經驗而有關懷同理的意識，知道怎麼與人互動。養成這些態度與能力，就達到目的了。

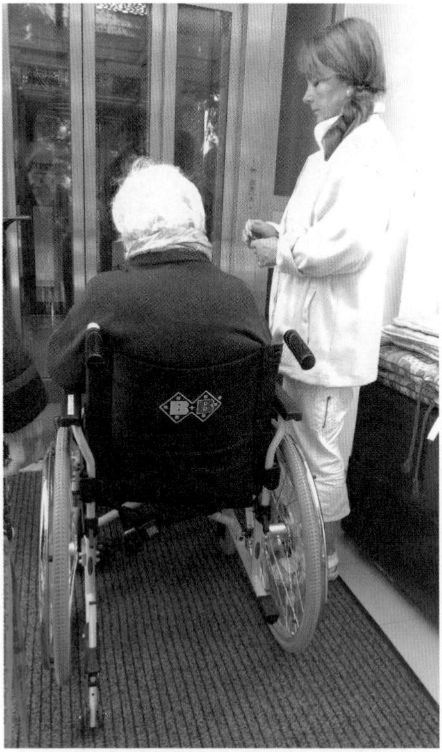

▲ 聖心高中旁有接待一生服務大眾的修女與其他長者，陪伴他們有寧靜安全的生活。

4-7 引導幼兒面對失智臨終——奧地利小冊

人口老化不僅影響老人，也影響老人的親友。照顧本不該只是少數人的負擔，而應大家共同參與，這是高度文明社會的共識。但是除醫療人員受過訓練，主要照顧者投入有經驗，還有很多小朋友也會遇見失能、失智的長者。怎麼幫助他們可以理解失能、失智和生命終了？如何降低誤會恐懼？不能告訴他們去讀書、去寫功課！因為有些事是盤旋在他們心中需要支持。

奧地利心理師毛努拉（Manuela Seidelberger）協同藝術治療和照顧人員，編寫了專給幼童看的色彩繽紛、內容親切的故事手冊。包含談臨終的《孫子麥克斯與烏里祖父》(*Max und UrlivomEhrlingerhof*)、介紹失智的《安娜與世界最棒的祖母》(*Anna und Die Beste Oma Der Welt*)。以失智這本為例，訴求即使祖母已經失智，仍然是我的祖母。希望父母藉由帶領閱讀此小冊，幫助小孩認識失智，而且要瞭解一旦小孩認識失智，小孩可能是祖父母身邊最好的治療者之一。

故事起於安娜和祖母本來快樂一起烤餅乾或逛動物園。可是後來祖母不記得做過這些事，還會在一起去公園時忘記回家，讓安娜困惑。經診斷失智，安娜不明白，只知道生病，就擔心會死亡。父母開始解釋，之後另一階段祖孫相處，安娜可以幫忙祖母，也發現祖母還是記得很多以前的事，包含食譜。而且，父母說祖母永遠是祖母，這不會改變。

這故事腳本從兒童觀點出發，回應兒童發展階段擔心和關心的事。同時，也淺顯專業的負載失智醫學知識，幫助孩子有很健康務實的起點來繼續與祖母相處，降低祖母對失智的挫折。若說這書是失智友善兒童篇也不為過。

二〇二〇年《讀者文摘》也曾有專文提到不耐媽媽失智的婦女，意外發現小孩單純的心與失智長者相處的行為和言語，反而比夾心餅的父母更有時可能給長者安全感與福祉。這本小冊則更具體的引導強化小孩對失智基本理解，使孩子對失智的支持不是意外，而是因理解。

至於臨終這本，故事開始於農場，孫輩麥克斯有位很會講故事的祖父烏里。有天看到父母與祖父嚴肅的商量事情，後來知道祖父得了不治之症。父母說實話，也告知不是立刻死亡，接著祖父被送去安寧病房。祖父臉色蒼白，體力衰弱，但還有意識。麥克斯探望時拿了枕頭來把祖父的手掌用彩色顏料拓印下來，這樣以後可以感覺到親切，維繫記憶與感情。接著爸爸從醫院回來宣告祖父過世，大家準備告別方式。麥克斯參與告別，去摸祖父的手道別。雖然手不再溫暖，但對麥克斯來說，他從此可理解死亡是怎麼回事，也瞭解被摸的長者不會再有回應。之後，麥克斯開始好奇祖父去哪裡？媽媽沒有騙哄，也承認自己不知道，但是用動物羽化和星星在天空等各種比喻引導麥克斯免於過度擔心悲傷。

設計撰寫腳本的心理師毛努拉本身專門輔導小孩。她說，在過去十多年實際輔導經驗後，感覺需要這樣的書。

故事是從真正的故事選擇改編的，融入的生活情境也比較有共鳴。編書是希望小孩和家庭能掌握這個過程，所以編寫時找真實經驗的家庭父母小孩收集資料，瞭解他們的經驗和感覺。繪畫中的角色溝通時的高低地位和顏色都設計過，例如春夏秋冬、生病臉色、祖父想繼續陪小孩玩卻沒有足夠力氣的表情、走進安寧病房的時機，還有進入安寧病房時護理師角色出現、小孩帶著自己的畫作期待與祖父分享。

毛努拉解釋，使用枕頭拓印彩色手掌，還畫了一旁的貓也參加拓印貓爪，從兒童心理角度，當小孩無法再和祖父交談，能握著、摸著手印，可以幫助回想故人與快樂時光。

她建議讀者使用時要注意是為了學習面對處境，甚至可以為逝去長者直接做一本書。但一開始不是很強硬的要求置入校園成為課程，更不是要考試，而是先放在安養機構一進門的大廳，讓來探視長者的人於等候時可以隨手拾起用來講給小孩聽。不一定需要一次全部都講，可以看時間選擇其中一、兩幅畫來說，因為整本冊子設計很精美，且有資訊豐富的故事場景與角色互動圖畫。

在奧地利主持過許多告別式的修女古德魯（Gudrun Schellner）補充說，這種小冊可以有許多靈活有效正向的延伸用法。例如，善用圖畫幫孩子學習同理、憐憫。插圖中有人和輪椅上的長者交談，採取同樣高

▲ 原作者心理治療師解說印下所有家人手印，可療癒紀念先人，有助兒童悲傷輔導。

度，而且眼神看著對方。也可以從小朋友熟悉的經驗出發，看到插圖有大人講故事的，用小朋友的想像能力問這圖中的人怎樣和小孩講故事？或者圖中的長者在想什麼？

另外，圖中病床上的長者無法移動，但是還可以用手與訪客互動。這可以連結到我們應該多看到人們還可發揮功能的部分。等到人過世了，圖中顯示沒有反應。可告訴小孩，有時與這過世者同在就足夠了。比照這原則，冊中很多圖，都可以先問小孩的想像和看法，然後加上自己覺得可以更注意的細部動作和觀點來解說。這樣，小冊成了思考討論基礎，可以發展很多省思對話。

尤其關於死亡教育，小孩是需要支持，

Anna macht sich Sorgen um Oma.
„Muss Oma jetzt sterben?", fragt Anna.
„Nein. Oma kann mit dieser Krankheit noch viele Jahre leben. Weißt du, das haben viele Omas und Opas. Oma wird öfter Sachen vergessen. Vielleicht findet sie auch einmal den Weg zum Bäcker nicht oder verlegt ihre Schlüssel. Deshalb müssen wir Oma unterstützen und helfen, wenn sie uns braucht", sagt Mama. „Okay, dann ist das nicht schlimm, Mama. Oma hat ja mich und Max und dich und Papa und Opa – wir werden ihr helfen, dass ihr Kopf nicht alles vergisst."
18
19

▲ 收集眞實發生故事加上顏色、位置、動作設計插圖，幫助其他兒童與失智長者相處。

但不要攔阻小孩面對。而且小孩也可以支持父母，有時候讓小孩參與，可以拉近小孩與死者的關係。

筆者於拜訪毛努拉時，走過安養機構長廊，親眼看到一位祖母把孫子抱在腿上，拿著以上的小冊解說，小孩顯得專注，兩人有說有笑，對他們彼此和路過的旁人都是美好的經驗。很可惜徵求拍照未能同意，但這是很好的實例。有適當的內容設計，擺於適當的動線，加上有耐心的長者，則生命不可測的變化，仍能成為人與人拉進關係享有祝福的機會。

4/8 荷蘭大學長照設計思考教育DBE

幾年前結識荷蘭失智友善服務訓練公司，二〇一九年他們來臺講習，提到更深、更廣的學習服務設計，才可不斷找出與時俱進的方法，回應社會需要。

講師說，為培養相關基礎能力，荷蘭好幾所大學逐步實施「設計基礎教育」（Design Based Education）。以北部菲士蘭地區的 Leeuwarden 大學社工系來說，大二幾乎多數時間都不在大學上課，而是自選現場實習。搭配每段時間回到學校，一群同學用 DBE 推演問題解決，老師在旁指導。

其實晚近在歐洲，各種關於服務設計或設計思考的新工具很多。各有不同發展

▼ 大學社工系同學從各自實習場所回來，推演核心價值如何落實服務場域。

源流和用途。親自觀察該大學社工系DBE使用，發現場所是一超大圓桌，專為這種教學設計。同學中有帶領討論者，大家集思廣益。

由於這大學有數十個不同國家文化背景的同學，討論往往很豐富多樣。目的不在一群人為一個主題找答案，而是共同討論，解決各自的挑戰。

當天這群社工系同學共同作業是「如何到客戶家，請客戶進行一次導覽」。目的是要同學學會仔細的聽與看，不要只注意硬體，還要理解客戶的文化、嗜好等。讓改善問題的資料

▲ 分組討論將核心價值推演出的結果再討論，相互支持激盪，找出具體行動。

收集更完整，不要忽略人的層面。

本於總主題，討論第一主題是增能，有人想到聚焦才能、增強、嗜好……。第二主題是組織，有人想到家庭、社區、社會網路、教室……。先表達各自詮釋。

收集整合篩選後，各自創造一些提問，以組織為例，有人提「怎樣在組織找到客戶」。以增能為例，「我怎樣告訴客戶，我到他家為他進行一次他家的導覽，是請他幫我完成作業」。許多問題貼於看板，在看板上，分批表達如何落實為具體行為。

接著，主持同學釐清大家的意

▲ 所有同學都有機會輪流帶領討論，學習聆聽、觀察、領導、溝通、整合、合作。

見，再隨學生在不同場所實習遇見的挑戰，將剛才推演具體作為導入，推演如何改善問題，增加照顧品質。

因為同班同學有分批在身心障機構、幾位在老人住宅、唐氏症老化專屬失智機構、發展給身心障就業媒合新媒體平台，還有森林生態保育社會企業的。他們從剛才討論找出靈感，接下來看採取什麼行動。

▼ 能刺激身心障老化者搬進機構與人互動的通電木盒，背後有許多研發思辨過程。

和老是個案討論相比，DBE 更容易集合眾人智慧，跳脫近親繁殖與制式解決問題方法。而且逐次進行後，慢慢會形成邏輯系統。以後碰到新問題，知道基本上如何掌握切入，該先問什麼問題去釐清想解決問題的關鍵。

主責老師之一的依娜在旁告訴我，這種學習方式幫助學生在學時更有機會在服務現場體驗，意味研發服務前累積更多實務。瞭解服務對象到底在想什麼？需要什麼？

帶領討論同學很熟練，好像老師一樣。原來，荷蘭大學社工系學生年齡不一，有的已經有五年保姆經驗，有的在社福機構服務。大家不是為了讀大學而讀大學，而是有目標來讀，所以討論很積極，使用思考工具效能比較高。

由於這種方式搭配數位時代學習資源很有用，在 Leeuwarden 大學不只社工，多數科系已逐步使用。例如設計老人住宅的研究生、新聞科系發展新雜誌課程。

我國衛福部國健署等多個單位也意識到，一種健康促進服務，很難適用不同地方與民眾，正設法引進設計思考擬定政策與策略。DBE 可能讓國內不易的跨域整合帶來機會，但還有待先學完整的使用素養，搭配教材，與願意持續嘗試改善問題的耐心，才能培養更多人視野寬廣、思考彈性，務實改善問題。

4/9

從芬蘭公視看營造學習文化

芬蘭以教育和創新聞名於世，該國公視 YLE 又以全國最大的領導創新機構著稱。最近筆者遇見主導 YLE 三千多人教育訓練的人資主管 Saija Uski 女士，她也曾多次應邀擔任艾美獎等各種國際評審。她介紹了新的員工成長規劃方案——芬蘭公視新聞學校，這方案已經在普及實施。

為有效提升員工素質，支持員工創新思維，又考慮到員工忙於各司其職，所以發展了實體和數位兩種形式的小團體成長課程。

實體課程方面，組 YLE 內部跨部門讀書會，鼓勵不同知識和經驗背景的公視同事選讀管理和創新書籍。由員工自行選書，公開徵求成組。這樣做，從選書交流就進入學習情境，等到大家投票選好，等於達成共識，然後不同部門的人一起讀可以激盪看法，又能很自然的增進平時較少互動同事的情誼，這對一旦新工作要推動就有更多諮詢資源。

除了內部讀書會，現在又開闢跨企業交誼讀書會。例如，YLE 與芬蘭航空。其實媒體有公共服務色彩，航空公司也有許多第一線與人接觸和線上的服務業知識經驗。當兩種企業都希望與時俱進，召喚顧客，回應社會變化後消費者處遇的需要，能有跨行業交流，往往有讓人走出框架為之一亮的激盪出來。

至於線上學習，YLE 提供的課程很多而且快速更新，以「公視內部新聞學校」定名。這些課程不是因為政府要求進修小時數而來，所以沒有那種必須上線拍照或幾秒鐘點滑鼠一次證明自己有學習的情形，也不是只是放些影片收看，而是有教學設計，幫助員工增進工作素養職能的專業課程。

主題例如調查報導如何預備和進行、新聞節目如何發展商業模式、社會新趨勢、如何尋找年輕族群的觀眾、測試你是不是一位有創意的新聞工作者，還有資料新聞學如何發展服務計畫，許多是新媒體時代傳統媒體很有活力的服務方式。每季還會預告下季新課程，並設計 YLE 內部廣告，告訴所有員工，從哪個網址和聯絡誰，可以進入新的課程得到學習樂趣。員工即使不在辦公室也可以透過連結，於自己覺得最有效的時間和場地來學習。例如夠安靜、夠舒適和能專注。

以資料新聞學為例，YLE 過去五年已經由一位資訊工程師 Timo 帶領兩位記者和兩位動畫師，引用各種社會公開資料庫，開發了三百多個大大小小的搜尋互動機制，讓民眾可以按自己的興趣和需要，找尋包含就醫和城市生活品質等各種指標主題搜尋。現在 Timo 因為心得很多，已經被歐洲廣播聯盟請去開課分享給歐盟各媒體工作坊。怎麼配合新聞和社會需要來設計這種資料新聞學方式的服務入口平台，在 YLE 內部不需要花大家很多時間聚集，上 YLE 內部學習系統就可以自學。

▼ Saija Uski 與記者動腦，製作不只報導社會問題，而是為問題找出路的報導。

其實在此之前，YLE近年已經大力發展透明、跨域的學習文化。辦公室大量縮減個人區，而增加許多開會動腦間。有適合一大群人的，也有兩、三人的，環境盡量營造的像家庭客廳。許多部門的隔間用玻璃板，並且把正在進行的動腦計畫用許多貼紙貼於面對走道的玻璃牆，好讓不同部門的員工來來去去容易看到別人正在做什麼，和發展什麼新構想。也許自己有興趣，可以詢問或加入貢獻。每天來上班的人自

▼ 為了鼓勵創意，YLE 大幅改變工作空間，設計多種便於討論激盪的環境。

然可以透過上班與中午吃飯、上廁所的動線，好像一次又一次逛博物館一樣，產生自然的學習。

電視是忙碌又挑戰創意的行業。新媒體時代的公共服務更需要創意。當許多自媒體興起，分散掉一部分觀眾，傳統公視要怎樣盡到責任？YLE打團體戰，看到自己員工寶貴的經驗和有幸這麼多員工同屬一個企業，發展了以上各種方式，讓更多人可以跳出思考框架。這種大量投資於員工的計畫，在如今數位時代，不一定多花大成本，而是新的設計可以支持更多員工有效學習、樂在學習。

筆者多次在芬蘭，不論和老人或一般成人討論社會議題或國際議題，不難聽到芬蘭人說「昨天YLE說如何如何」、「關於你問的問題，前幾天YLE有報導如何如何」，可見許多民眾很倚賴看重YLE成為新資訊和知識來源。不但報導新聞，還有些新的統計評論，這有一部分正是來自資料新聞學服務，其檢索整理功能同時讓觀眾和內部成員都能找到新資料。

想想看，新聞媒體工作者發佈的報導常被社會認為是時代變動的記號，引導大眾價值觀和生活對策。記者的進步當然非常重要。當基本功不足以因應工作挑戰，和服務品質要求越來越高，內部繼續教育重要性不言而喻。越多人有機會積極學習，整個組織就越有積極的共同發展語言，這樣，發動新計畫的內部社會成本較低。雖然 YLE 沒說這是學習文化的內部行銷，然而實質上已經帶有這種效能。這可能也是該媒體年年創新博得社會聲望與信任的背後原因。

4-10 靠社群媒體非正式學習

和二十到三十年前相比，如今媒體工作或研究工作，蒐集資訊和參與改善社會問題的機會很不一樣。如能善加運用，幫助可觀，或許未來新聞傳播科系真的可以蒐集案例提供採訪寫作課參考。

社群媒體以臉書為例，它和 LINE 群組相比，兩種都是即時性高，壞處是相對更公開，但好處也在可以比 LINE 群組更省時廣泛的接觸朋友。在社群媒體被濫用和負面作用常被凸顯時，以下有幾個正面例子。

例一是有一次一位朋友的父親失智，想要去日間照顧中心，但是家屬打電話詢問地方政府長期照顧中心，溝通之間仍有困惑，而且對接電話的態度有意見。就新聞工作而言，記者可以協助打電話去詢問，也可以製作成報導，只要可受公評是為公益。但就每天許多新聞的相對價值來說，也可能在編輯台因版面或時段限制被犧牲掉。社群媒體蓬勃後，想幫助的可能大增。而且如果類似的民眾困境在其他人也可能發生而具參考價值，則到社群媒體討論至少是一種機會。

筆者將原始故事擇要放在臉書。不到一小時，有地方政府長照中心人員即透過私訊連繫，表示願意處理。後來當天下午，原來民眾有困擾的事情真的改善了。這並不是媒體惡勢力，而是一個更快的媒體能夠成為橋梁改善問題。如果原始事實無扭曲刻意誇張。

另一例子是徵專業意見。南部的居家照顧服務要移動患者有困難，一放在臉書，全國許多物理治療師、職能治療師和醫師紛紛表示意見，有的熱心還將各種網路連結與學術研究資訊連結傳來。這只用兩天時間，大家翻閱臉書後就收到可觀資訊，而且這些從業人員還會彼此再討論提供更新的資訊。這對媒體工作者還有個好處，在社群媒體交流可以過濾採訪者自己一廂情願或不夠嚴謹的想法。在幾番討論後，可以重新斟酌報導角度與用詞適切性，以便在電視、報紙傳統媒體發表前，有更多一點查證徵詢的機會。

再一例是有次筆者採訪氣切又有多重疾病、需要管灌進食的老人。發現連一些載明不可咬碎和不可分離剝開膠囊的藥物，因患者不便咀嚼吞嚥而將藥物隨液體營養品一起灌入。由於灌食管頗細，所以藥物也要很細。這會不會影響藥效或還沒治療先傷害身體呢？當然有可能！要看什麼藥，以及原始設計為什麼不可咬碎或拆開膠囊。

家屬被筆者一問也開始懷疑，但也不知道怎麼辦，而且把抽屜裡更多種藥物拿給筆者看，看來很期待知道該怎麼辦。他們若回醫就診（外島需要搭機），有時診間未必有很多時間解說，雖然這是不理想的情形，卻很普遍。

筆者透過臉書詢問，三個小時內各地有藥師、醫師、專科醫師和護理師紛紛表示意見，這不一定是坊間所謂的同溫層，反而有可能不同溫層的都表示意見而使觀點更廣（語言治療師和營養師對口腔功能維持的看法就是例子）。有人說要換藥，有人直接根據藥的學名商品名提供經驗，當筆者謝謝他們，其中熱心的又進一步提供更多資料。筆者將這些過濾，看通俗否，再私訊與熱心者交換意見，然後透過私訊轉給家屬，他們也很高興。有一位臉書朋友還留言說，真高興看到以上這些對話，讓他也弄清楚知識。

所以，善用平台，能很快得到熱心專業人士幫助，也同時讓其他人有機會學習。在這個變動快速，需要終身學習才能跟上社會腳步安身立命的時代，大家都得幫助。

也許有人會懷疑，公開的社群媒體平台可能有假資訊，的確可能。但記得十年前在挪威採訪醫師，當時醫師就說，現在資訊發達，醫師逐漸從決定者變成諮詢者。而活在這個時代的競爭力和生活素養，就是資訊分辨的能力以及與人合作的能力。我們的確擋不住有人刻意散布假消息。可是社群媒體運用也看我們的過濾基本知識和我們與誰做朋友，如何經營這些朋友。

和臉書相比，LINE很適合封閉性專業群組。有些不便臉書公開詢問，涉及隱私，或有傷害無辜者，或資訊還有點需要補強才能判斷，或怕臉書公開影響後續查核，可是卻與公共利益很有關的議題，可在LINE處理。

媒體工作者本身越追求專業，往往可以引來更多專業人士支持。媒體工作者如果能將自己蒐集的資訊（第一手圖片、影片、聲音、訪談），提供因忙碌或工作處境不易取得資訊的專業人士，且他們也覺得有參考價值，則專業人士交流意願會更積極。尤其當社群媒體無國界時代，這種交流幾秒鐘就可以到全世界。加上善用翻譯軟體和社群媒體的影音功能，則一些本來需要花很多時間找答案的問題可以非常快獲得解決。

例如上述管灌藥物問題，除了國內專家，一下子可以問到國外專家，拿著專家的知識去問別的適合的專家，更容易拼圖。就像藥物管灌，國內畜牧系教授說其實把藥物用微小包裝（coating）產生膠囊效果行之有年。但怎麼人類的藥不趕快這樣做呢？國外藥廠的專家說成本會是關鍵之一，至於管灌者藥物與藥理，則有很多解套方式維持病人安全和確保藥效。這樣來來往往，媒體工作者真的變成如資訊四面八方往來的交通指揮，調度整合出很新而完整的資訊圖像。

展望未來，若媒體工作者基礎倫理價值教育深厚，則社群媒體用於創新服務和加速社會改革，會有更好成效。這不只成為媒體工作者，可以成為所有現代公民學習成長的大幫手。

MEMO